从经典作家进入历史

“浪漫星云”题解

当我在夜晚繁星如织的面庞
看到巨大的云符乃浪漫的表征
想到我永远无法用命运的神掌
趁有生之年追寻它们的踪影
（济慈，《当我害怕人生将尽》）

浪漫主义并不浪漫。这是后人的命名。“浪漫星云”之说偶然得之，倒也十分贴切。因为，以英国浪漫主义文学为例，这一时期恰是群星闪耀时，大诗人们共同造就了英国诗歌史上的巅峰。他们不仅拥有超越地心引力的璀璨壮美，更有一双始终凝视尘世的眼睛，既超然物外，又时常感到生存的“秘密重压”，听到“那沉静而永在的人性悲曲”。

这些诗人们并不知道自己被称为“浪漫主义诗人”。虽然他们的作品中偶尔出现“浪漫”一词，但到底何为浪漫，亚瑟·拉夫乔伊教授列出的定义至少有二十多种。一言难尽。简单来说，首先，浪漫主义作家们不仅具有瑰丽的想象，创新的诗论，独特的审美，而且也是“自我书写”的先锋，华兹华斯的《序曲，或一位诗人心灵的成长》即是一部诗歌体自传。柯尔律治的《文学生涯》侧重梳理诗学思想。拜伦的《恰尔德·哈洛尔德游记》则记录了诗人壮游中的见闻和思考。这些带有自传色彩的作品与后人为他们所写的传记相互映照，值得探索。其次，法国大革命作为“时代的精神”是英国浪漫主义的宏大背景。两代诗人或亲历了这一历史事件，或诞生于它的历史余波，他们的经历也由此丰富、厚重。别的作家编织梦想，他们本身就是传奇，最终认识到无论世事的体系经历了多少风云变幻，人类的心灵有着“更神妙的材质与织体”，“比其居住的大地美妙千百倍”。此外，这些作家的生活方式与艺术创作高度融合，比如隐居湖畔思索自然与人性的华兹华斯，游历四方、投身希腊独立战争的拜伦,等等。研读他们的传记,我们感佩他们将生活与理想合而为一的勇气;吟诵他们的诗歌,我们珍惜这诗语与诗思表里如一的真诚。

浪漫主义的许多思想传统至今值得我们借鉴。他们热爱自然,但更关注与自然交流的心灵。他们重视生态,但深知生态实乃心态的反映。他们往往被贴上"自我"的标签,但对自我的反省与探索最终引向对人类的普遍同情。他们被称为叛逆者、反动派,但没有谁比他们更敬畏习俗与传统。他们对想象力的重视,对精神完美的追求,对唯理性主义的担忧,对视觉中心文化的反思,对"进步"与"速度"的怀疑,对"朴素生活,高贵思考"的信念……都拥有恒星般久远光明的价值。

第一代浪漫主义诗人的两大巨匠都曾为我们的心灵状态忧虑。华兹华斯认为,"在我们的时代里,众多因素正以一股联合之势钝化着心智的鉴赏力,使心灵不能发挥任何主动性,乃至陷入愚钝"。这股使心灵钝化的合力包括工业的发展、城市人口的激增和信息的高速传播——如今,有过之而无不及。他的好朋友柯尔律治也警示我们,在忙忙碌碌的世界里,"由于熟视无睹或者私心牵掣，我们视而不见，听而不闻，有心灵，却既不善感受，也不能理解”。他们认为，在任何时期，作家最重要的职责都是要提高人们心灵的灵敏度——“啊，灵魂自身必须焕发出/光芒、辉煌和美妙明亮的云章”。艾布拉姆斯教授曾通过镜与灯的对比来阐明浪漫主义的特征。我们看到，这些伟大的诗人们不是灯盏，是星辰。

浪漫主义的细腻文思和作家们的忧患意识，使得“浪漫星云”子系列绵延着“文学纪念碑”丛书的深厚关切。同时，作为一个欧洲现象，浪漫主义跨越文学、美术和音乐等多重领域，也让未来搭建更多的丰碑成为可能。我们希冀“浪漫星云”系列以一碑一契汇聚为一座巨石阵，浪漫之中不乏沉重，星云之下脚踏实地、悯念苍生。

凯瑟琳·雷恩

作者介绍

凯瑟琳·雷恩(Kathleen Raine, 1908–2003),英国诗人、批评家和学者。曾就读于剑桥大学格顿学院。着力研究威廉·布莱克、W. B. 叶芝和托马斯·泰勒。其研究兴趣是精神的诸多形式,最明显的是柏拉图主义和新柏拉图主义。她是神庙围地学院创办会员。所获荣誉有哈丽特·门罗纪念奖(1952),布卢门撒尔奖(1961),史密斯文学奖(1972),女王诗歌金奖(1992)和CBE勋章(2000)。

在其漫长而杰出的文学生涯中,她始终热爱着布莱克。一九六二年,她在华盛顿举行的梅伦讲座为其后来的两卷本《布莱克与传统》(1968)奠定了基础,其重要意义在于,人们此前认为布莱克只是一个自学成才的怪人,但雷恩指出,布莱克属于一个悠久而连贯的传统，体现着柏拉图式的古老而神秘的思想。本书的精华版是《布莱克与古典传统》（1963，1968，1977）。关于布莱克另著有《威廉·布莱克》（1970，2019），《从布莱克到〈幻象〉》（1979），《布莱克与新时代》（1979），《上帝的人脸：威廉·布莱克与〈约伯记〉》（1982）。

著有诗集：《石头与花朵》（1943），《活在时间里》（1946），《女祭司》（1949），《一年》（1952），《诗集》（1956），《空山》（1965），《失落的国度》（1971），《内心的神谕》（1980），《与神秘共生》（1992）。

文论：《柯尔律治》（1953，1958），《捍卫远古之泉》（1967），《新门徒叶芝》（1987），《W. B. 叶芝与想象力学习》（1990），《美妙的形式》（2017）等。

自传：《告别幸福田野》（1974），《未知的土地》（1975），《狮口》（1977）。

编选有《柯尔律治书信集》（1950），《柯尔律治诗文选》（1957，1985，1986，1987），与乔治·米尔斯·哈珀合编《托马斯·泰勒文选》（1969），并为诸多文学期刊撰稿。

1 《当晨星一起歌唱》，约 1804–1807 年。

这是为托马斯 · 巴茨创作的水彩画之一

by Kathleen Raine

威廉·布莱克 评传

William Blake

(英)凯瑟琳·雷恩 著 张兴文 刘纹羽 译

广西师范大学出版社
·桂林·

著作权合同登记号桂图登字:20－2020－094 号

图书在版编目(CIP)数据

威廉·布莱克评传/(英)凯瑟琳·雷恩著;张兴文,刘纹羽译.—桂林:广西师范大学出版社,2022.1
(文学纪念碑)
ISBN 978－7－5598－4008－0

Ⅰ.①威… Ⅱ.①凯… ②张… ③刘… Ⅲ.①布莱克(Blake William 1757－1827)－评传 Ⅳ.①K837.125.19

中国版本图书馆 CIP 数据核字(2021)第 143215 号

出 品 人:刘广汉　　策　　划:魏　东
责任编辑:魏　东　　装帧设计:赵　瑾

广西师范大学出版社出版发行
(广西桂林市五里店路 9 号　　邮政编码:541004
网址:http://www.bbtpress.com)
出版人:黄轩庄
全国新华书店经销
销售热线:021－65200318　021－31260822－898
山东韵杰文化科技有限公司印刷
(山东省淄博市桓台县桓台大道西首　邮政编码:256401)
开本:787mm×1 092mm　1/32
印张:15　字数:230 千字
2022 年 1 月第 1 版　2022 年 1 月第 1 次印刷
定价:138.00 元

献给克里森·普雷斯顿

对所有向布莱克学习的人而言

他是可敬的朋友和阐释者

To Kerrison Preston,
honoured friend and interpreter to all
who come to learn from Blake

目 录

新版序

一九七〇年,凯瑟琳·雷恩的《威廉·布莱克》 7
(*William Blake*)由泰晤士和哈德森(Thames & Hudson)出版社首次出版,被纳入著名的“艺术世界”(World of Art)丛书。这套丛书以与众不同的方式开创了新局面:其产品的价值远超同类中等价格的图书,每一本都设计得华丽非凡,图文的完美结合大大增加了捧书阅读的乐趣。正如我们可以看到的,这种对艺术图书的视觉特征和细节的关注,对一本关于威廉·布莱克——创造性地结合了诗歌、意象和装饰艺术的大师——的图书而言是极为有益的。

在继续谈这本书之前，有必要就雷恩的生平说几句。她一九〇八年出生在埃塞克斯郡的伊尔福德，二〇〇三年去世。她在剑桥大学格顿学院学习自然科学，一九二九年毕业。她的大学同学包括安东尼·布伦特和雅各布·布罗诺夫斯基，在作为公共知识分子的辉煌生涯中，他们都出版了关于布莱克的杰出著作。一九三〇年，雷恩嫁给了诗人、小说家和学者休·赛克斯·戴维斯（Hugh Sykes Davies）。这对夫妇进入了前卫的艺术圈：戴维斯是传奇的伦敦国际超现实主义展览（1936）的组织者之一，雷恩是诗人戴维·加斯科因（David Gascoyne）、电影制片人汉弗莱·詹宁斯（Humphrey Jennings）和艺术理论家赫伯特·里德（Herbert Read）的朋友，这三人都是英国超现实主义团体最有才华的成员。像她那一代的许多文学人物一样，她接触了左翼思想，最初是在学生时代，然后是通过参与“大众观察”（Mass Observation）——一九三七年成立的一个社会研究项目，由她的第二任丈夫，诗人、记者和社会学家查尔斯·马奇（Charles Madge）指导和组织。然而，到
8 二十世纪四十年代早期，她拒绝了激进的政治和社会

活动，转而研究灵性、神话和魔法体系，这是她的新朋友圈——包括小说家盖伊·泰勒（Gay Taylor）、画家威妮弗雷德·尼科尔森（Winifred Nicholson）和诗人兼画家戴维·琼斯（David Jones）——共有的思想观点。雷恩的第一本诗集《石头与花朵》（*Stone and Flower*）于一九四三年出版，书中附有芭芭拉·赫普沃思（Barbara Hepworth）的设计。这些诗中宣扬的新浪漫主义情感在雷恩的余生中一直未曾改变，在诗歌中，人类的时间提供了对神圣模式和普遍状态的一系列短暂体验。一九八一年，她与别人一起创立了期刊《神庙围地》（*Temenos*），一九九〇年建立了"神庙围地学院"（Temenos Academy），两者都宣扬这一观念：艺术表达了东西方神圣的信仰体系。在《告别幸福田野》（*Farewell Happy Fields*, 1974）、《未知的土地》（*The Land Unknown*, 1975）和《狮口》（*The Lion's Mouth*, 1977）这三部极不寻常的自传体作品中，雷恩开始描述她的想象力醒来，进入超越个性的永恒生命状态的发展史。值得指出的是，这种作为精神成长的生命构想源于叶芝的螺旋模型，是一个成长的法则，解释了不同历史时期中个体生命与集体精神的交汇。而叶芝认为,可以将布莱克的艺术和诗歌描述为符咒或咒语,试图召唤在一个螺旋中运作的魔法力量。雷恩在《威廉·布莱克》中称叶芝的《一个异象》(1925,1937)是“非凡的”著作,在这本书中,叶芝概述了他的螺旋理论。

我们从一开始就应该注意,雷恩版本的布莱克是有争议的,因为它与战后的英美学术研究格格不入,这些研究认为布莱克的艺术与十八世纪晚期的偶像破坏革命密切相关,与个性化的神话体系——源自启示录般的、从社会层面而言是激进的新教——密切相关。在这两种情况下,人们推测,布莱克的艺术气质来自流行的、普遍的文化形式;作为艺术家、诗人和思想家的布莱克是一位社会改革家或革命家,是一位适时出现的先知,反对所谓的非人化的、异化的世界。

雷恩笔下的布莱克完全对立于这些根深蒂固的思想学派,而它们得到了许多有影响力的人物的支持,其中包括雅各布·布罗诺夫斯基(《威廉·布莱克:不戴面具的人》〔*William Blake: The Man without a Mask*, 1943〕),戴维·V. 厄尔德曼(David V. Erdman)(《布莱克：反对帝国的先知》〔*Blake: Prophet Against Empire*, 1954〕），E. P. 汤普森（E. P. Thompson）（《英国工人阶级的形成》〔*The Making of the English Working Class*, 1963〕），和特奥多尔·罗萨克（Theodore Roszak）（《对立文化的形成》〔*The Making of a Counter Culture*, 1969〕）。这些作者都认为布莱克是社会批判的杰出典范，是反对工业主义和资本主义的卡尔·马克思的先驱。《布莱克与传统》（*Blake and Tradition*, 1968）是 9
雷恩对艺术家、思想家和诗人布莱克最著名也最详细的解读，它拒绝了这种思想体系。她以二十世纪六十年代早期的一系列讲座为基础，写成了两卷本、共八百页的巨著，其中心论点很容易概括。她声称，布莱克的艺术作品取材于传统神话和象征，并因之而变得丰富。在布莱克漫长的职业生涯中，他对艺术创作的这种态度始终未变。这是一种普世智慧的系统，是某种允许观众参与他的绘画、印刷品和诗歌中运作的共生逻辑的设计。十八世纪九十年代早期之后，他一直远离革命的政治世界。

当我们的注意力转向雷恩论证的关键点时，情况变得更为复杂。《布莱克与传统》将布莱克与炼金术、犹太教神秘主义和古典神话联系在一起。它将布莱克的诗歌和形象与俄耳甫斯教的、新柏拉图主义的、诺斯替的和赫尔墨斯教的材料相比较。这一切的目的在于表明,布莱克的神话可以说融合了神秘主义和巫术的不同例子。雷恩称这种复合传统为"永恒的哲学",这是一种文化更新的过程,不同的信仰成分围绕一个中心主题和价值凝聚在一起:肉体生命是进入时空世界的一种下降,是灵魂从永恒的生命中被放逐。因此,犹太的、俄耳甫斯教的、新柏拉图的、密特拉教的、诺斯替的和赫尔墨斯教的著作和象征提供了单一的精神真理略有不同的几个方面。布莱克努力以他复杂的、多方面的象征形式来描绘这种复合传统。在这一点上,雷恩与 W. B. 叶芝、丹尼斯·索拉特(Denis Saurat)和德西蕾·赫斯特等一小群早先论述布莱克的作家基本达成了一致,他们都把布莱克描绘成一个接受形而上学思想之地下传统的宗教反叛者。

在这个模型中存在着矛盾。雷恩观点的一个重要部分是,不应该将布莱克称作一个激进的艺术家:他对

将自己的内心感受转化为社会艺术不感兴趣。她的布
莱克属于想象的世界,但这种想象是普遍的,而不是个
人的。换句话说,雷恩认为布莱克的艺术用一种既存
的公共语言来对观众说话,虽然她认为这种语言被
十八世纪英国文化枯燥的形式主义边缘化了。尽管如
此,雷恩的读者——拥有非凡的能力去接触和吸收各
种令人困惑的来源、文化和传统的读者,不可能安然接
受十八世纪阅读群体的现实。在这方面,最好将雷恩 11
的立场视作纯粹的幻想:一个奇妙而博学的作者声称,
他或她拥有专门接近所讨论的主题中呈现出来的文化
权威和神秘智慧的途径。

《布莱克与传统》为那些对多种文化感兴趣的学者和研究人员而写,《威廉·布莱克》的目标读者则是普通人。在试图理解雷恩第二本书的独特性和价值时,我们首先必须注意到,它也系统地分析了布莱克的艺术和思想。雷恩对布莱克的设计和诗歌的描述是生动的、清晰的、充满热情的,且不受许多学术作者喜欢的抽象术语的阻碍。接下来,我想强调她对布莱克的闪光意象的一些基本特征的清晰把握能力。

在《威廉·布莱克》中，雷恩自始至终都在努力理解布莱克艺术洋溢的激情，以及其描绘一个世界的能力，这个世界“拥有自己的现实、一致性、环境和气氛”。她强调了布莱克艺术想象力独特的内在动力，这是一种思维方式，确保了他的小型版画和设计具有不朽艺术作品的某些特征。

雷恩特别擅长分析布莱克设计和绘画中随处可见的简洁图案。上一代的许多杰出学者和鉴赏家，如C. H. 柯林斯·贝克（C. H. Collins Baker）、劳伦斯·宾雍、罗杰·弗莱、J. B. 曼森（J. B. Manson）和巴兹尔·
2 德·塞林科特（Basil de Sélincourt），都认为布莱克的不
安分的轮廓线是粗俗艺术的证据。相反，雷恩发现，布
3 莱克在创作过程中通过将结构变化和线条结合在一
起，表明他渴望将希腊的和哥特式的影响融入单一的绘画语言。在布莱克艺术的核心，她发现了充满能量的活动：一个由强健有力的人物形象组成的世界，以及象征着弹性力量和精神延展的形式。因此，“对布莱克而言，线条首先是一种能量的表达。可以将任何固体形式看作是能量流动的痕迹和结果，毫无疑问，布莱克

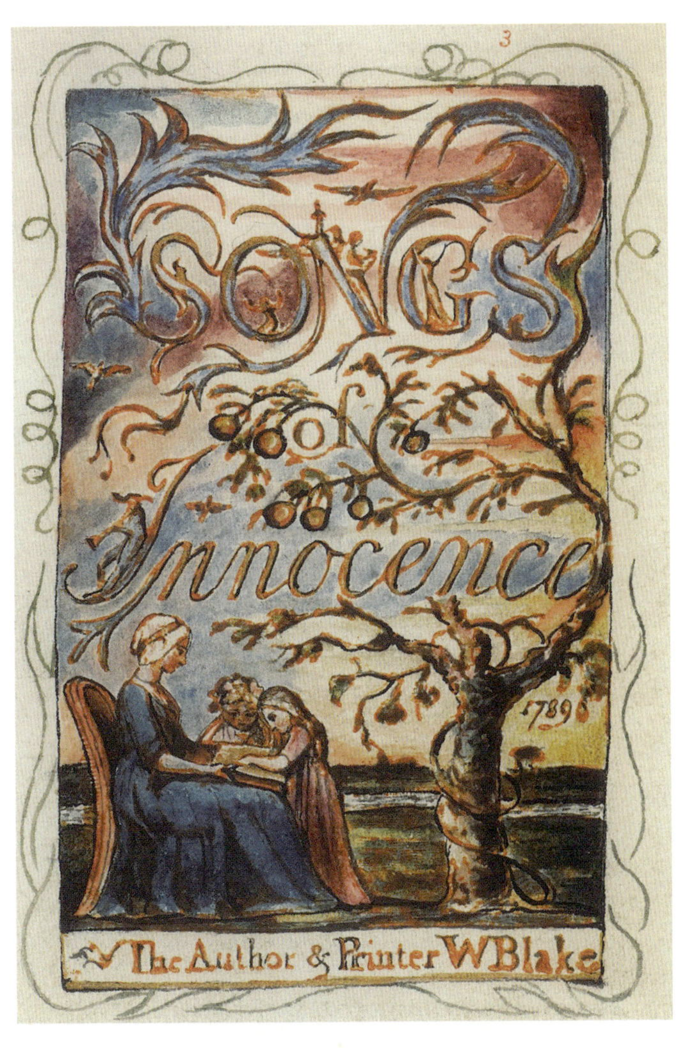

2 《天真之歌》，约 1825 年。扉页

将线条看作是能量和生命的签名”。她一次又一次在布莱克研究浓密的灌木丛中辟路而行，清晰有力地描述了布莱克狂热的、充满活力的风格：

> 在布莱克最细微的设计中都能感受到他在向我们展示……不受阻碍的能量的精神生活世
> 12 界。……[他热爱]哥特式艺术中至关重要的线型特征……用于装饰《天真之歌》内页的“蜿蜒的藤蔓卷须”，即交织在一起的线型形式很明显是受到了中世纪插图图书的影响；在这里，线条再一次成为独特的形式，尽管受到约束，它们仍以一种如此和谐的方式环绕在手稿周围。甚至在文字密布的《耶路撒冷》一书的内页上，这种卷须状图案也蔓延到它们能到达的任何一个空白处，还有昆虫、鸟、鱼和巨蛇也占据了那些视觉真空，布莱克和大自然一样厌恶这些真空。

这可谓是名家品鉴，简要概括了布莱克两部最杰出的作品：《天真之歌》，在青春洋溢的一七八九年创作、设

3 《耶路撒冷》,1804–1820 年。扉页：在拥有美丽翅膀的人物形象耶路撒冷身上,灵魂的变形完成了

计和完成的;《耶路撒冷》,在一八〇四至一八二〇年的漫长时期中,以诗歌和插图设计的形式完成的宇宙论概要。正如雷恩所指出的,这两部作品因多种生命形式而丰富:它们是进入一个狂喜世界的大门,在那里一切都是相互联系的,在这个世界中,这位艺术家诗人希望与他捕捉到的多种生命形式融为一体。雷恩暗示,布莱克的天赋在于从人类生活的竞争力量和经验中创造出一个新的整体。

雷恩还对许多强有力的意象进行了杰出的解读,这些意象既是泛神论的、关乎存在的,又是令人陶醉的:

> 布莱克所描绘的所有最具特色的以及最美丽的形象都是微小的事物:野生百里香和绣线菊……毛虫、蚂蚁、蚱蜢和蜘蛛;小鸟——云雀、夜莺或知更鸟……生命既不伟大也不渺小……在《天真之歌》中,布莱克笔下的人物已经从束缚物质对象的引力中获得了自由……在本质上都具有布莱克式特征,他的同时代人中没有任何一个人与他相同。

这是充满闪光智慧的阐释，解释了一种以精神空间取代物理空间的艺术，一种有感官魅力的、有生命在其中流动的丰饶的艺术。

综合是雷恩批评模型的另一个重要方面。她认为布莱克的作品属于同样的批评范畴：与诗歌相关的独立设计，神话和宗教，因为给布莱克的想象力提供养料的，是连续不断的异象，以及艺术是统一的整体这一观 4
念。她指出布莱克关于象征的小书《天堂之门》（1793）与处理人类经验之神秘性的《约伯记》有何种关联，而《四天神》（1797-1807）则是布莱克创造一个普世宗教的尝试，在其中不断变化的微小之物被迫拥有更大的形式。《天堂之门》的主题是约伯的问题："人 14
是什么？"她认为，布莱克的答案"体现在他创作的变形之象征中。一个象征着'自然人'的毛毛虫吃掉了我们当地的德鲁伊树，也即橡树的叶子，在另一片叶子上，在蝶蛹里熟睡的婴儿象征着人类'精神身体'的'第二次诞生'，它潜藏在人类动物体内"。接下来她把注意力转向《天堂之门》的核心形象："米开朗琪罗式的四种形象——大地、空气、火和水——预示了四天神，他们神话般的冒险构成了日后创作的预言书的内容。……这四种形象绝不是随意的，而是对应灵魂上的四种功能，或是四种能量，即《以西结书》和《启示录》中的‘四活物’。对这些圣经里的兽型形象，布莱克赋予了它们令人难忘的人类属性和特征。”

令雷恩着迷的是布莱克最有影响力的几本预言书——《第一部尤里森之书》(1794)，《弥尔顿》(1804-1810)和《耶路撒冷》(1804-1820)。这些“宇宙论的图画书”以幻想的心理剧的形式呈现，通过“不可压制的生命能量”的表达，打破了时间、图像和空间的规则。在《第一部尤里森之书》中，“布莱克对受到限制的、扭曲的生命形式进行了可怕而有力的描绘，他们在尤里森的‘自然法则’，以及以自然的而不是心灵的法则为基础的道德暴政下忍受着痛苦。生命的精神从意识领域——每个灵魂自身的位置——被拉了下来，进入令人眩晕的时间和空间的深渊中，即牛顿的‘灵魂颤抖的真空’，或者说是生命的‘外部的存在’”。在这些宏伟而激昂的作品中，她发现了布莱克反唯物主义思想的源头之一：

4　《第一部尤里森之书》,1794 年。扉页：根深蒂固的自然之树下的尤里森和他的桌子以及律法书

> 对布莱克而言，体积和重量属于自然界的机械论概念，而自然界受制于在时间和空间中运转的定量的“自然法则”……在反对自然的机械观念和尤里森理性思想产物的同时，布莱克赞扬生命。生命不受限于空间和时间，重力不会使它下降，体积也无法容纳它。布莱克创作的人物形象，从本质上来看处于两种状态下——未受阻碍的能量的无拘束的自由，以及尤里森的机械化本质的宇宙中那些囚犯们受限制的、被束缚的和负重的状态。

16 尤里森，布莱克的抽象理性和社会规律的人格化，笼罩着历史的深渊。作为一个自我折磨、自我封闭的造物主，这个厌世的亚神（sub-god）无法理解人类活动的本质，对立于以布莱克的主角洛斯和沃克为代表的、感官感知到的世界。支配洛斯和沃克的力量是想象力，这解释了为什么他们被描绘成充满活力、灵活的、不断变化的形式。雷恩特别善于描述沃克和洛斯意象的循环本质：他们以重复运用能量的方式，将一个由多部分构成的世界变成一个形式统一的宇宙。在她看来，洛斯和沃克是不断变化的、流动的；尤里森则是紧绷的，像大理石一般冷硬。换句话说，不同的心智被赋予了不同的身体特征。生命的两个类型都有各自独特的图像形式。对洛斯和沃克来说，生命是一种富有表现力的运动；对尤里森而言，生命是测定的结果和静止。洛斯和沃克代表不受限制的能量，是酒神式地沉浸在宇宙的来回涌动中，是一种不断接近人类经验的状态；尤里森则被自己创造的逻辑铁笼所囚禁。

雷恩注意到了《耶路撒冷》的设计所具有的表现力，将它们作为艺术家实际生活体验的一部分呈现出来："《耶路撒冷》中的页面是最具有布莱克风格的。其中的人物形象被布莱克用其充分发展和简化的线型形式描绘出来……完美地适用于布莱克发明的新技术。线型装饰本身就是一种书写手法，它能够与文字手稿和谐地融为一体。就像某些《神曲》的绘画，这些或宏伟、或怪诞或可爱的表现形式描绘出了灵魂的内在状态。"她暗示，布莱克的作品，即使在最晦涩的地方也给人以人性和活力，它们与其说是理论和系统的产物，不如说是精神和身体的作品。

在所有这些和类似的例子中，雷恩展现出一种将布莱克的形象与他世界观的主导主题联系起来的能力。我们也不应该忘记，在这个时候像雷恩那样将布莱克当作一位“全球性的”艺术家，一位与其他文化及其文化形式有紧密关联的人来讨论是多么不寻常。她注意到他如何将印度和波斯的资源融入他单一的、普遍的美学观点中。她说，在布莱克人生的最后几十年里，他“已经领悟了印度哲学和佛教‘命运之轮’的更深奥的观念，即一切状态都是虚幻的，善与恶是相同的”。如下文所述，布莱克的独特之处在于一种处理问题的方式，能够处理关于想象力、创造力，以及多种文化观相互依赖的问题：

> 17 《最后的审判》——它几个版本中的最后一个，布莱克直到生命的终点都在持续创作——具有一种完全史无前例的特征。这部作品和与其有紧密联系的《墓间冥想》都具有一个图解结构，这在藏传佛教艺术中比在基督教肖像学中更普遍。就像在米开朗琪罗的《最后的审判》中那样，那些涌

> 动的人物形象，有的上升到光芒四射的基督宝座上，有的头向下坠落进地狱中，他们与其说是个体，不如说是在宇宙生命的生命之流中循环的细胞。虽然对单个人物或是一组人物来说，我们都可以在米开朗琪罗的作品中找到相似之处，但就整体构图而言，在哥特式中世纪艺术之后，就我所知没有一件艺术作品像这样。

在布莱克酿造的美酒的流动中，雷恩发现了整个制作过程中每一种要素至关重要的、图画般生动的发酵方法。

总而言之，雷恩的《威廉·布莱克》颂扬了一位非凡的、变化多端的天才的创造力。布莱克相信想象的力量是人类价值的一种载体，这是雷恩这本精彩之作的根本观念。很难想象有什么能比这更好地解释人类的特质和潜力，在一个深信商业互动最能体现人类价值的时代，我们不可能无视这种及时出现的慷慨愿景。

科林·特罗德(Colin Trodd)

引　言

预言家，诗人，画家，雕版师——按照传统也是一位创作了诸多歌曲的作曲家——布莱克独特的伟大之处不在于他每一个单独的成就，而在于他所是之全部，这要多于他所做的一切的总和。这属于少数伟大的富于想象力的头脑，它们可以创造出一个看起来拥有自己的现实、一致性、环境和气氛的世界。莎士比亚、但丁、丢勒，以及布莱克自己喜爱的画家安杰利科、克洛德和米开朗琪罗，他们似乎向我们展示了构成世界的一些片段，世界的边界延伸到他们的作品所体现出的所有那些部分之外；而这就是我心目中的那种艺术的乐趣之一。布莱克就是这样一位艺术家，他的作品，正如他所相信的那样，代表了想象力看到的 18

“永恒的部分”。布莱克自己描绘了“永远存在的图像”，而“每一个富有想象力的人都可以根据自身所经历的情形”看到这些图像，即一个集体的原型世界，相较于他自己生活的世纪，这个原型世界的真实性在我们这个世纪变得更加可信。“在不同的人眼前，它显现出不同的形态，就像其他一切事物那样。”这种艺术源于比一位诗人或画家的个人经历更深的源头，并且具备与观众中的同等级者相互交流的力量。对我们表面的自我而言，这就是幻想艺术（visionary art）“晦涩”的源头；但对我们最深处的自我来说，这却是它清晰的根源。

布莱克的作品是小尺寸的。他的版画和闪光的文稿都可以用英寸来计量；他的画作尺寸也偏小。但是，尽管他没有创作出任何巨大的作品，他的想象却具有最宏伟的规模。“艺术家被带进了对亚洲古代的共和政体、君主制和宗主教区的想象中，看到了在圣经（Sacred Scriptures）中被叫作基路伯（Cherubim）的那些美妙的原型，它们被雕刻或描绘于寺庙、古塔、城市和宫殿的墙壁上，矗立在那些受过高度农耕教化的国家，
19 如埃及、摩押（Moab）、以东（Edom），以及亚兰（Aram），

四周环绕着伊甸园的河流[1]……”在布莱克最细微的设计中都能感受到他在向我们展示他幻想中“惊人的巨大原型”的一个部分，展示一些未堕落的“四周环绕着伊甸园的河流”的世界之片段——有不受阻碍的能量的精神生活世界。恰恰是布莱克传达想象力的天赋，而不是作为一个画家或雕版师在技术上的成就，使得他有资格拥有如此之高的地位。

“幻想或想象力的本质鲜为人知……”它如此鲜为人知是因为，在我们唯物论的文明中，极少有人能有意识地拥有这一特质。然而，借助于那些在一切事物中拥有潜在能力者的帮助，我们可以通过艺术分享内在世界的乐趣，而内在世界探究的主题是所有时代的宗教和神话艺术。对那些似乎只有外部的感官世界是真实的人而言，布莱克，和所有象征性艺术一样，所做的贡献微乎其微，但对其他人来说，则是穿进心灵迷宫的“一条金线的线头”。这个世界也不是阴云密布或模糊不清的。“精神和幻想也不是如现代哲学所认为的那

① 伊甸园的河流（Rivers of Paradise），指《圣经》提到的四条源自伊甸园的河流：比逊、基训、底格里斯和幼发拉底，见《创世记》2:10-14。

样，是一团模糊不清的雾，或是毫无价值的东西：它们比必会衰亡的大自然能创造出的一切事物更有序，也更能得到详尽的描述。如果一个人没有用比他必朽的肉眼所能看到的更强有力的、更完美的轮廓，更强、更美的光亮来进行想象的话，他就根本没有在想象。这部作品［格雷的《吟游诗人》（*The Bard*）］的插图者[①]称，他所有的想象都比肉眼所见的任何事情更完美、更详细和更有条理。精神是有组织的人。”

布莱克并不满足于为幻想中的“微小细节”而辩护，他指出，模仿自然最终必定会以失去形式而告终：“人们认为他们复制自然就如我复制想象一样正确。将来他们会发现这是不可能的，并且，所有自然的复制者或假装的复制者，从伦勃朗到雷诺兹都证明了一点，大自然对它所愚弄的人而言，只不过是一片污暗和模糊。为什么自然的复制者是错误的，而想象的复制者却是正确的呢？”

布莱克呼吁为世界上最伟大的艺术作见证，它们描画的都不是“肉眼”所见之物，而是想象的完美事物：“对 B

① 即布莱克，他 1797 年为托马斯·格雷的《吟游诗人》设计了插图。

先生用真实的物体呈现精神的方式持反对意见的鉴赏家和艺术家们，可以思考一下必朽的视觉器官所看到的维纳斯、密涅瓦、朱庇特和阿波罗吗？这些他们所崇拜的希腊雕像，代表的都是精神存在和不朽的众神，然而它们也是由固体的大理石雕刻呈现出来的。”

这是柏拉图的艺术观；并且布莱克的确很早就读
过普罗提诺的《论美》（*On the Beautiful*；托马斯·泰勒
的译本）。实质上，这是一种美学观，即将整体视作决 20
定它的各个部分，将观念（即整体）视作在质料中得到
执行的有组织的原则。普罗提诺问：“感官之美与神圣
之美有什么相似之处？”并回答说形式赋予物质统一
性。“因此，当众多减少到一时，美便在众多中得以确
立；并且，在这种情况下，美既向部分也向整体传达自 21
身……从而，与此同时，它既向整个建筑，又向建筑的
各个部分传达自身……因此，通过来自神性的神圣交
流，身体变得美丽。”

人们通常认为布莱克的美学属于希腊复兴式艺术，但它其实属于一个更大的范畴，我们现在应该返回到这上面来。但必须首先考虑其美学最初的形成过程。

5　为桑顿的《维吉尔的牧歌》创作的插图，1821 年。《特诺驳斥柯林》

6 《阿尔比恩岩石间的亚利马太的约瑟》，1773年。布莱克根据米开朗琪罗的画制作的版画

第一章　师从古物

布莱克是一个彻头彻尾的伦敦人。根据布莱克的 23
传记作者亚历山大·吉尔克里斯特所述，布莱克于一七五七年十一月二十八日在黄金广场布罗德街28号出生，是“一位约二十年来一直颇为富裕的针织品商”的第二个孩子。所以说，对布莱克家境贫困和教育环境糟糕的记载未免都夸大其词了。布莱克的家庭在伦敦的一个区拥有一幢宽敞的老式房屋，它一半是私人住宅，另一半是体面的商铺，是一幢“以前流行的非常体面的屋子”（同样根据吉尔克里斯特所述）。布莱克不是一个“政治人物”（man of the people），尽管他的政治主张激进，并且在青年时期是一个革命者。他属于稳定的中产阶级下层，这个阶级实际上产生了这个国家的大部分人才和天才。从他家人的观点来看，布莱克是一个失败者；他的兄弟詹姆斯后来继承了家族生意，在晚年时与威廉完全断绝了联系。

布莱克确实从未上过学，但这可能表明，除了他自己强烈反对去学校之外，他父亲对自己儿子的艺术天赋也有着十分开明的宽容态度。《天真之歌》(*Songs of Innocence*)中的《学童》(‘The Schoolboy’)描写了一位父母专制下的受害者，不像为格雷的诗歌所创作的插图那样“使人联想起欢乐和青春”。“教育没有任何用处，”他像位老人一样对日记作家克拉布·鲁宾逊(1775–1867)说，“我认为它是错误的——它是大罪。”
34 出自《天堂和地狱的婚姻》(*The Marriage of Heaven and*
35 *Hell*)中的一句格言反映了布莱克对逃离学校老师教导
的感激：“改善让路变得狭窄；而没有改善过的弯路才是天才之路。”

“当一个孩子刚可以握住铅笔，他便开始潦草地画人或野兽的粗糙样貌，并且将他周围的所有印刷品都小心翼翼地临摹下来。”那个时代有教育，或缺乏教育，
24 但没有糟糕的教育，没有垃圾。布莱克孩童时期见过
的那些印刷品都是真正的艺术作品。在十岁的时候，

他被送去最好最流行的青年艺术家预备学校：位于斯特兰德街的亨利·帕尔斯绘画学校。帕尔斯的弟弟威廉曾经陪同建筑师尼古拉斯·雷维特(1721-1804)去过雅典和爱奥尼亚,学习和描画“毁灭的庙宇和残缺的雕像,并携带作品集返回,这些作品对剽窃‘古典’的建筑师——其中包括与他们同时代的钱伯斯以及未来的索恩——来说是一个财富矿藏”。布莱克后来为斯图尔特和雷维特的著名作品集《雅典和爱奥尼亚的古物》(*The Antiquities of Athens and Ionia*)版刻了几幅威廉·帕尔斯的绘画作品。布莱克版刻生气勃勃的、来自帕台农神庙浮雕饰带(Parthenon frieze)的拉庇泰人和半人马(Lapiths and Centaurs)属于那个符合他本性的神话世界。

维多利亚时代的布莱克传记作者吉尔克里斯特反映了他所处时代的流行风尚——显而易见地,他感叹“在帕尔斯学校,教授的绘画知识与通过临摹古物的石膏模型学习来得一样多,但从来不以活物形体为绘画对象”。但这正符合布莱克对理想形式的自然偏爱。布莱克的父亲为他买了一些铸像：其中有古罗马的角斗士，赫拉克勒斯像(Hercules Farnese),美第奇的维纳斯(the Venus de Medici),以及一些头部、手和胳膊的木质模型。他也给布莱克一些零用钱,而这个经常出没于印刷品商店和拍卖室的男孩正是用这笔钱储备了一批可观的收藏。布莱克终生都是一位收藏家,尽管在某个时期他迫于贫穷卖掉了自己收藏的精美印刷品。塞缪尔·帕尔默(1805–1881)回忆了对布莱克的一次拜访,那时的布莱克已是一位老人:"我永远不会忘记林内尔先生带我去布莱克家拜访的那个晚上,也无法忘记如何与布莱克一起鉴赏年代久远的宝石、精品绘画,以及十六世纪意大利印刷品,度过几个小时的宁静时光。"

实际上,从童年时期起到生命终点,布莱克在视觉艺术(visual arts)方面与任何未能游览欧洲的艺术家一样,即便不能说博学多识,也是非常有教养的。

帕尔斯学校最初由威廉·希普利(1715–1803)创办,他同样也是艺术协会的实际创立人;该协会的展览室——在搬迁到街对面的阿德尔菲(Adelphi)之前——与帕尔斯学校在同一所建筑里。在那里,布莱克一定见过那个时代最有名的画家的展览。乔治·斯塔布斯(1724–1806)就在那里举办过展览,想象少年时期的布

莱克被斯塔布斯的画作《老虎》(*Tiger*)迷住是一件令人 43
愉快的事情,这幅画的构思比布莱克自己设计的玩具般的动物更能体现《老虎》这首诗歌的主旨。

十四岁时,布莱克成为古董协会的雕版师詹姆斯·巴西尔(1730–1802)的学徒。在这一点上,可以明显看出布莱克的父亲,一个针织品商中产阶级式的谨慎态度。总之,对布莱克的父亲而言,画家这个职业过于模糊不清,他实用主义的目光很难对此产生兴趣;
他要让他的儿子至少可以靠手艺确保生计,在这个基 25
础上,如果有可能的话再做一个画家。也许这个决定是错误的,因为雕版艺术的局限性或多或少会束缚布莱克伟大的想象,这会不可避免地影响他作为一个画
家的创作风格。但在布莱克卓越的《约伯记插图》 161-8
(*Illustrations of the Book of Job*)中,雕版艺术的丰富性正好弥补了在绘画上造成的每一个损失。几乎是偶然地,布莱克所进行的雕版训练也让他掌握了能创造出拥有自己独特风格的插图图书的技艺。但是,巴西尔单调、过时的"圆点和菱形"的正式雕版风格——巴西尔继承自古董协会先前的雕版工乔治·弗图(1684–1756)——带来的强大而持久的影响,可能与布莱克后

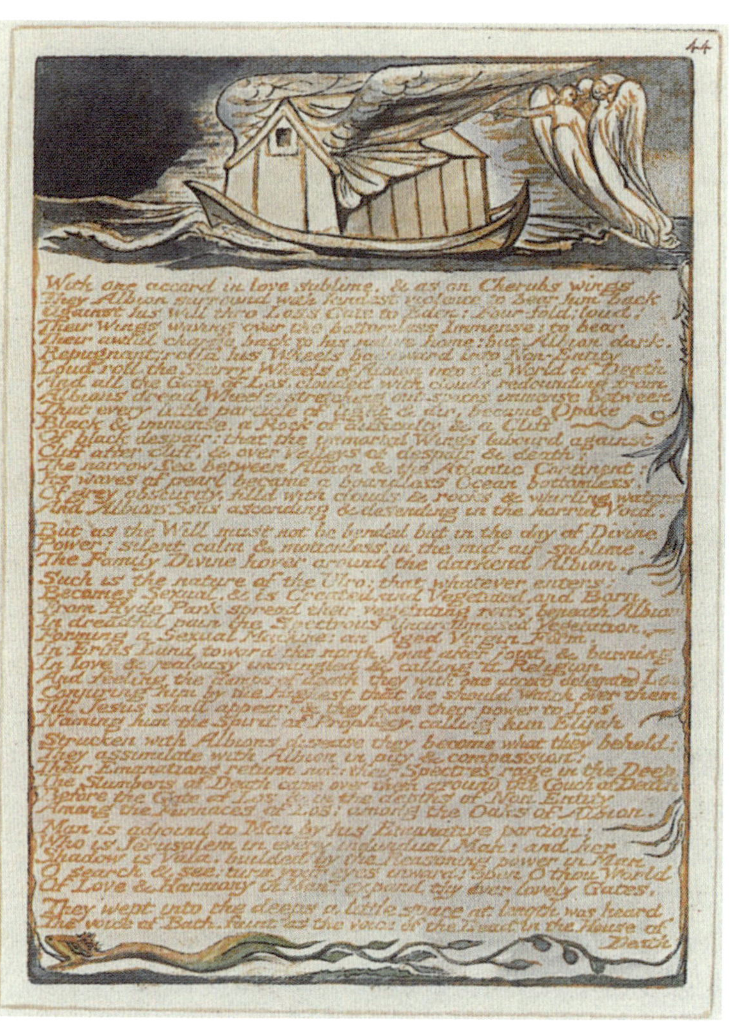

44

With one accord in love sublime, & as on Cherubs wings
They Albion surround with kindest violence to bear him back
Against his will thro Los's Gate to Eden: Four-fold; loud:
Their Wings waving over the bottomless Immense: to bear
Their awful charge back to his native home: but Albion dark,
Repugnant; rolld his Wheels backward into Non-Entity
Loud roll the Starry Wheels of Albion into the World of Death
And all the Gate of Los, clouded with clouds redounding from
Albions dread Wheels, stretching out spaces immense between
That every little particle of light & air, became Opake
Black & immense, a Rock of difficulty & a Cliff
Of black despair; that the immortal Wings labourd against
Cliff after cliff, & over Valleys of despair & death:
The narrow Sea between Albion & the Atlantic Continent:
Its waves of pearl became a boundless Ocean bottomless,
Of grey obscurity, filld with clouds & rocks & whirling waters
And Albions Sons ascending & descending in the horrid Void.

But as the Will must not be bended but in the day of Divine
Power: silent calm & motionless, in the mid-air sublime,
The Family Divine hover around the darkend Albion.

Such is the nature of the Ulro: that whatever enters:
Becomes Sexual, & is Created, and Vegetated, and Born.
From Hyde Park spread their vegetating roots beneath Albion
In dreadful pain the Spectrous Uncircumcised Vegetation.
Forming a Sexual Machine: an Aged Virgin Form.
In Erins Land toward the north, joint after joint & burning
In love & jealousy immingled & calling it Religion
And feeling the damps of death they with one accord delegated Los
Conjuring him by the Highest that he should Watch over them
Till Jesus shall appear: & they gave their power to Los
Naming him the Spirit of Prophecy, calling him Elijah

Strucken with Albions disease they become what they behold;
They assimilate with Albion in pity & compassion;
Their Emanations return not: their Spectres rage in the Deep
The Slumbers of Death came over them around the Couch of Death
Before the Gate of Los & in the depths of Non Entity
Among the Furnaces of Los: among the Oaks of Albion.

Man is adjoind to Man by his Emanative portion:
Who is Jerusalem in every individual Man: and her
Shadow is Vala, builded by the Reasoning power in Man
O search & see: turn your eyes inward: open O thou World
Of Love & Harmony in Man: expand thy ever lovely Gates.

They wept into the deeps a little space at length was heard
The voice of Bath, faint as the voice of the Dead in the House of Death

7　月亮方舟。《耶路撒冷》，1804–1820 年

THE ANALYSIS OF ANCIENT MYTHOLOGY. 601

And theſe may be obſerved in the names of Deities, terms of worſhip, and titles of honour, which prevail among nations widely ſeparated: who for ages have had no connexion. The like may be found in the names of pagodas and temples; and of ſundry other objects, which will preſent themſelves to the traveller. Even America would contribute to this purpoſe. The more rude the monuments, the more ancient they may poſſibly prove; and afford a greater light upon inquiry.

Thus far I have proceeded in the explanation and proof of the ſyſtem, in which I firſt engaged. Should any thing ſtill remain, which can afford a further illuſtration, it muſt be deferred for a ſeaſon.

F I N I S.

8　月亮方舟与和平鸽，布赖恩特《神话学》中的插图，1774-1776 年，很有可能是布莱克创作的

9　密特拉神殿，布赖恩特《神话学》中的插图，1774-1776 年

10 《塞伯特国王》，1778 年。布莱克根据威斯敏斯特教堂中的壁画制作的副本，后来被制作成版画收入《古代纪念碑》中

来未能成功找到作为雕版师的工作有很大关系。曾经遭受过布莱克嘲笑的威廉·伍利特(1735-1785)、罗伯特·斯特兰奇(1721-1792)、弗朗切斯科·巴尔托洛齐(1727-1815)以及他的学生路易斯·斯基亚沃内蒂(1765-1810)等人的"平滑"技艺更符合新的审美。

作为巴西尔的学徒,布莱克发现自己置身于古物
的环境中。布莱克对"亚洲古代的共和政体、君主制和
宗主教区"的想象大多归功于他交给巴西尔的关于此
9 类图书,如雅各布·布赖恩特的作品《神话学新体系》
(*New System of Mythology*, 1774-1776),以及在当时同
样有名的詹姆斯·弗雷泽的作品《金枝》(*Golden
Bough*, 1890)的练习作业。艺术家、诗人、编辑鲁思
文·托德(1914-1978)最初在几幅画中分辨出布莱克
的技艺,其中一部分画包含了一些日后在布莱克亲自
设计的作品中显露无遗的细节。在他的《约伯记》系列
1 的版画16《当晨星一起歌唱》(*When the Morning Stars
Sang Together*)中,高举的交叉双臂和分开的双脚,是对
巴西尔的一幅版画上描绘的波斯密特拉神庙中浮雕饰
带人物形象——很可能是一幅布莱克自己参与的版
画——的反映。布赖恩特纪念碑式的作品的考古学前

提可能并不比此后许多作品的更荒谬：所有的古代神
殿必定与躲在诺亚方舟里从大洪水中幸存下来的八个
人相关。鲁思文·托德第一个将布赖恩特的《神话学》 7
第三卷章末装饰图中的月亮方舟形象与布莱克的神话 8
作品中的几个月亮方舟形象放在一起比较。他发现，
布莱克的认识归功于布赖恩特——在那个时代这是一
个大胆的认识——即“天下各国的古文明都与犹太人
的一样神圣。它们都是同样的事物，正如布赖恩特以
及所有古文物研究者证明的那样……它们最初都有着
同样的语言，同样的宗教：这就是基督的宗教，永恒的
福音。古代传播耶稣的福音”。《神话学》是一座金矿，
在它的基础上，布莱克在绘画作品中创作了他自己的
神话传说的万神殿，描绘了一种人类想象力的通用语
言（正如布赖恩特本人所理解的那样），这种语言会根 26
据时代、地点和当地传统的不同而有着辩证的多样性。

布莱克对巨型雕像的幻想也许从某种程度上来说是对当时某个时期的反映，当时据说在格林威治会有一座由约翰·弗拉克斯曼（1755–1826）雕刻的巨大雕像（尽管这座雕像从来都没有落地）；但这些幻想也应该有可能是对那些波斯神庙与希腊和埃及的雕塑的反

映,布莱克待在巴西尔工作室的七年时间里,它们深刻影响了他的想象。“……在我的想象中,那些精美绝伦的原件,其中一些有一百英尺高;有些被画成图画,有些被雕刻成浅浮雕(basso relievos),还有一些被雕刻成一组组的雕像,它们全都包含着深奥的神话含义,这远比眼睛所看到的更有意义。艺术家希望现在就流行制作这种纪念碑式的作品,于是他便应该毫不犹豫地接受国家的委托,去绘制这两幅图画[纳尔逊爵士和威廉·皮特的**精神形态**,1805-1809],在规模上要与这个国家的宏伟相契合……”

在布莱克当学徒的两年后,亲切的巴西尔为了让
29 他摆脱两个麻烦的新学徒,便派他去为伦敦各种各样的老式教堂,尤其是为威斯敏斯特教堂里的纪念碑和建筑物绘画。布莱克一直很感激巴西尔给了他这次学习哥特式建筑和雕塑的机会。巴西尔当时正致力于古董协会的《考古学》(*Archaeologia*)和《古代纪念碑》(*Vetusta Monumenta*)的雕版工作。根据吉尔克里斯特所述,布莱克也雕了一些版,署名巴西尔,其中有爱德华三世、菲莉帕女王,以及兰开斯特的艾夫琳的雕版画像。艺术史家安东尼·布伦特(1907-1983)认为威斯

敏斯特教堂壁画——上面绘有两位英国国王，一位是
亨利三世，一位是塞伯特国王——的那幅水彩画复制 10
品也是布莱克的作品，这幅画出现在《古代纪念碑》第二卷中。在托马斯·霍利斯的《回忆录》（*Memoir*, 1780），以及理查德·高夫的两卷本《阴森的纪念碑》（*Sepulchral Monuments*）中也可以看到布莱克作品的踪迹，这两本著作直到一七八六年和一七九六年才出版。据吉尔克里斯特所述，布莱克当时或后来发现了曾经在哥特式教堂里发挥过重要作用的色彩，在他的想象中，“现在是一座褪色的毫无光彩的骨架”的教堂，再次成为“一座光芒四射的神殿”。

从这时起，布莱克终生都保持着对哥特艺术的热爱；在几乎偶然的情况下，主要是由于霍勒斯·沃波尔（1717–1797）及其朋友、诗人格雷（1716–1771），布莱克学习到一种在当时已经变得流行的风格。对布莱克来说，更多是精神上的喜爱而非时尚潮流，吸引他去学习这种晚期哥特式雕刻的贵族线型风格。他在这门高贵的艺术中发现了天主教艺术的核心传统，当英国的风格还是伟大的欧洲传统的一个活跃分支时，它在英国曾盛极一时。

对布莱克来说，哥特式风格是基督教风格中**最卓越的**；约翰·罗斯金（1819-1900）后来也有过类似观点，但在当时的十八世纪并没有这种看法。他在一八二〇年对维吉尔的评论中写道：“希腊式的是数学形式，哥特式的是活的形式，数学形式在理性记忆（Reasoning Memory）中是永恒的，活的形式是永恒的存在。”在雷恩的圣保罗大教堂他看到了自然神论纪念碑、启蒙运动和“牛顿的上帝”的“自然宗教”、科学的机械论宇宙的造物主。在布莱克的《耶路撒冷》
145 （*Jerusalem*）的版画 32 中，“自然女神”瓦拉的旁边是圣保罗教堂的圆顶，而灵魂人物耶路撒冷和她的孩子们则守护着布莱克心爱的威斯敏斯特教堂。在一七七三
30 年，当时布莱克还不满十六岁，他根据米开朗琪罗的画绘制了一幅画（后来他为这幅画制作了雕版），名叫《阿尔比恩岩石间的亚利马太的约瑟》（*Joseph of Arimathea among the Rocks of Albion*）；在这幅画的下方他写道：“这是一位哥特式艺术家，他在我们所说的黑暗时代建造了大教堂，他穿着羊皮和山羊皮制成的衣服四处游荡，对他来说这个世界没有价值；所有时代的基督徒都是如此。”只有布莱克才能在米开朗琪罗的战士中看到

哥特式英雄。

布莱克在乔舒亚·雷诺兹(1723–1792)的《论绘画》(*Discourses on Painting*)一书的页边空白处写道:“让他们看看哥特式人物和哥特式建筑,不要谈论欧洲的黑暗时代或是任何一个时代。所有时代都是平等的。但是天才往往超越时代。”《耶路撒冷》第三章的序言里有一首布莱克的诗《我看见了一位查理曼大帝时期的修士》,布莱克在诗中对当时蔑视中世纪基督教的启蒙运动潮流提出了质疑。他说,伏尔泰、卢梭和吉本“他们指责穷苦的修士是战争的起因,却为亚历山大和恺撒,路易和腓特烈们推卸责任,还奉承他们,实际上他们才是战争的发动者和参与者”。“这些经典著作啊!是这些经典著作,不是哥特人也不是修士,用战争使欧洲变得荒无人烟。”

哥特式肖像雕塑的意图并不是自然主义的,也不是对物体外形的每一处细节和缺陷的复制,而在于表现凡胎肉体中的精神宿主的本质,除此,也表现了王权、圣洁、军事勇气以及女性优雅等诸如此类的本质。因此,布莱克也在构思此类肖像画。他的许多圣经插图表现了某些精神形态——不管是善良的还是邪恶的——的特征,正因如此,它们可以与沙特尔(Chartres)大教堂的雕塑和人类情感特征的哥特式描绘相比较。受人敬重的艺术与建筑史家尼古拉·佩夫斯纳(1902-1983)在其一九五五年的里斯讲堂(Reith Lectures)中谈到布莱克的“燃烧的线条”,认为这是一种独特的英国风格。布莱克在描绘布料褶皱和物体外形时使用的弯曲平滑的线条源于有着华丽装饰的哥特式建筑以及他所了解的威斯敏斯特教堂中的雕塑。对布莱克而言,这种静态的、不朽的风格并不自然;然而他却根据
11 王室墓穴中人物平静的躺卧姿态来描绘死亡。

更加契合布莱克天赋的是哥特式艺术中至关重要的线型特征,不论是体现在人体形态、建筑上的叶形装饰,还是插图书的书页中。对他来说,艺术的精髓是线条:“不会被阴影破坏的坚定而牢固的线型轮廓”。“崇高艺术中的美是能够容纳智性的线条、形式或特征。”这种描述最适合哥特式风格;这是布莱克在比较他所痛恨的“明暗对照绘图法”时提出的含蓄的标准:“这种丢失了轮廓的艺术属于威尼斯和佛兰德斯的艺术;
31 它失去了一切特征,只留下了一些人所谓的表达(expression);但这是一种对表达的错误观念;如果没有特征作为其生命力,表达就无法存在;并且,如果没有

1 《圣约瑟之死》,1803 年

12 布莱克笔记本中的“哥特式”设计,约 1793 年

明确的轮廓，特征和表达都不可能存在。”关于着色，布莱克写道：“这并不取决于在哪里上色，而是取决于光亮和阴影，并且这一切都要由外形或轮廓以及它们的位置来决定；如果它们的位置有错误，那么着色就永远不可能正确；正因如此，在提香、科雷乔、鲁本斯和伦勃朗的作品中经常出现错误。”不管怎么看，这都是一个简略的批评。

事实上，线型风格是宗教艺术的特征，并且布莱克一直坚持认为“精神”——不论是人类的还是众神的——在一种“确定的有界限的形式”内应该是“有组织的”。

13 用于装饰《天真之歌》(1789)内页的“蜿蜒的藤蔓卷须”，即交织在一起的线型形式很明显是受到了中世纪插图图书的影响；在这里，线条再一次成为独特的形式，尽管受到约束，它们仍以一种如此和谐的方式环绕在手稿周围。甚至在文字密布的《耶路撒冷》(1804-1820)一书的内页上，这种卷须状图案也蔓延到它们能到达的任何一个空白处，还有昆虫、鸟、鱼和巨蛇也占据了那些视觉真空，布莱克和大自然一样厌恶这些真空。形式化的藤蔓叶子有着哥特式叶子的外观。并且

在许多版画里也出现了形式化的人形装饰图案，这让 32
人联想起哥特式石匠们的想象。在布莱克的笔记本里 12
（后来在他的设计中得到了详尽的阐释），我们找到了一些书信和形式化的设计，很明显，它们是用哥特式字体书写而成，或是参考了哥特式雕塑的梁托和柱顶的设计。

布莱克对格雷、托马斯·查特顿（1752–1770），托马斯·珀西的《英国古诗遗珍》（*Reliques of Ancient English Poetry*, 1765），以及早期英国历史的赞赏符合他的哥特式热情。布莱克所获得的关于哥特式雕刻和绘画的第一手精确知识远远胜过霍勒斯·沃波尔或威廉·贝克福德（1760–1844），他们那些哥特式风格的“讽刺剧”仅仅是一些不切实际的幻想。布莱克经常就那些他确切了解的主题激烈地表达自己的观点，这与克制的奥古斯都派时期形成了对比，那个时期往往是肤浅的知识被赋予了重要性。

一种可能的猜想是，布莱克对莎士比亚的早期热情源于他对历史剧里国王和王后雕像的了解。他最早的作品《诗歌素描》（*Poetical Sketches*）——大约写于一七六九至一七七七年——中包含了一些粗糙的莎士比亚无韵诗形式的历史剧片段。莎士比亚的抒情诗对布莱克的影响更大,这在布莱克的这些早期诗作中便很明显,然后很快就在《天真与经验之歌》(*Songs of Innocence and Experience*)中达到高峰,这是自莎士比亚以来最重要的一首“线型”抒情诗。“天才的曲折之路”也同样如此——一种重要的兴趣引发了另一种:从王
33 室陵墓到莎士比亚,而这两者(最终)都导向了布莱克自己的“巨人阿尔比恩”民族神话,即英国民族的集体存在。相较于历史类书籍(尽管他阅读过弗鲁瓦萨尔、蒙茅斯的杰弗里,以及这类作家的著作),布莱克的历史意识观更多地直接来自前代伟大作品的影响。然而,作为一名绘画者而不是作家,布莱克的学识已经足够精确和广泛了。

布莱克曾长时间研究英国逝去的国王和王后,在这期间他无疑吸收了英国的历史文化并从中得到启发,在巴西尔那儿做学徒及之后的日子里,布莱克致力于精心制作历史艺术作品的工作,采用了安杰莉卡·考夫曼(1741-1807)和约翰·汉密尔顿·莫蒂默(1740-
14 1779)的艺术风格,创作的作品有:《简·肖尔的忏悔》(*The Penance of Jane Shore*),《爱德华和埃莉诺》(*Edward*

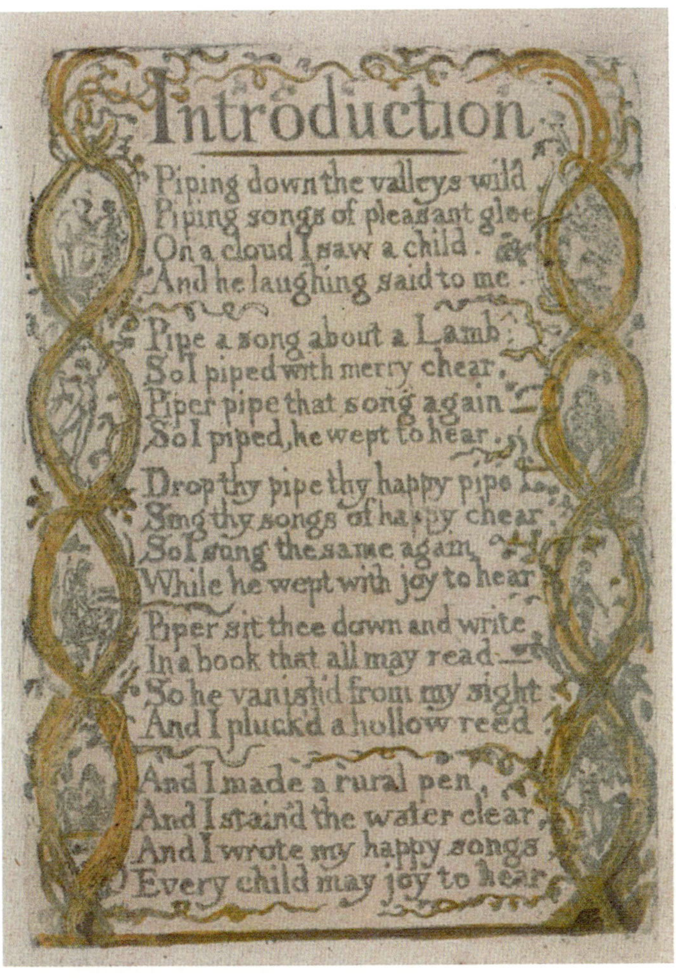
Introduction

Piping down the valleys wild
Piping songs of pleasant glee
On a cloud I saw a child.
And he laughing said to me.

Pipe a song about a Lamb;
So I piped with merry chear,
Piper pipe that song again
So I piped, he wept to hear.

Drop thy pipe thy happy pipe
Sing thy songs of happy chear,
So I sung the same again
While he wept with joy to hear

Piper sit thee down and write
In a book that all may read
So he vanish'd from my sight
And I pluck'd a hollow reed

And I made a rural pen,
And I staind the water clear,
And I wrote my happy songs
Every child may joy to hear

13 《天真之歌》,1789 年。《序诗》

14 《简·肖尔的忏悔》，约 1793 年。作为爱德华四世的情妇，简·肖尔被迫走进圣保罗教堂忏悔。在这幅画中可以很明显地感受到布莱克对她的同情。他本人也认为这是一幅很好的作品，并且将它放入 1809 年的展览中展出

and Eleanor),《埃玛女王的磨难》(*The Ordeal of Queen Emma*),《戈德温伯爵之死》(*The Death of Earl Godwin*)。后来,安东尼·布伦特对这些作品的评价不高:“作为一位画家,如果他在三十岁时去世,那么他会被认为是艺术家群体中无足轻重的,准确地说是没有能力的一员,这个艺术家群体旨在反抗乔舒亚·雷诺兹爵士和皇家学院的官方学说。”他将布莱克目前的这种行为描
述为“处在晚期洛可可风格和新古典主义的边界上”; 34
他还指出,在人物着装上布莱克与他模仿的那些画家一样,“追随描写中世纪主题的莎士比亚戏剧的当代舞台作品,它们混合了伊丽莎白时代和十八世纪的元素,偶尔还相当自由地加入中世纪的盔甲服饰”。

布莱克在七年学徒期满后离开了巴西尔的工作室,当时他二十一岁,开始做一名雕版师以谋生。对这个年轻人来说堕入到商业艺术领域必定像是被粗鲁地从梦中唤醒,曾在王室陵墓以及更多的古代遗迹中勤勉度过的七年如同梦幻一般。布莱克继续住在父亲家
中,但他如今已经受雇于《小说家杂志》(*Novelist's* 35
Magazine),《女性杂志》(*Ladies' Magazine*)以及其他诸如此类的报刊,为他们创作一些版画。布莱克还一度

在新成立的皇家学院里报名学习，那所学院当时（用吉尔克里斯特的话来说）“处于困难的过渡期，即它不得不准备放弃萨默塞特宫（在一七七五年被摧毁）中狭窄的教所，等待可以提供更多活动空间的新教舍竣工”。但让布莱克如此烦恼的不是狭窄的空间，而是窄小的想象力环境。除了临摹古物之外，生活写生也是每天要完成的任务，但这令布莱克厌恶：“自然之物以前是，现在也一直在削弱我的想象力，使它几近枯死和消亡。”很多年后他在评论华兹华斯的手稿笔记中如此写道。哥特式风格塑造了布莱克对另一种艺术观念的审美趣味，待在皇家学院完全不适合他的天性。毫无疑问，他对雷诺兹的厌恶正是源自在学院度过的那几个月不舒心的日子。五十岁的时候，布莱克在雷诺兹的《论绘画》的页边写下了尖刻的评注。带着**事后聪明**（*pensée d'escalier*）的虚幻胜利感，布莱克描述了与学院的第一任管理者乔治・迈克尔・莫泽（1706–1783）的冲突，莫泽想当然地认为，对威廉・布莱克这种默默无闻的年轻人来说，他的话会是至理名言：“有一次，我在皇家学院的图书馆里翻阅拉斐尔和米开朗琪罗作品的出版物时，莫泽走到我身边，说：‘你不应该研究这些古老、僵硬、枯燥的未完成的艺术作品——请等一下，我给你看看那些你应该学习的作品。'然后他离开了一下，取来了勒布伦和鲁本斯的《绘画收藏》(*Galleries*)。我内心是多么愤怒！我也说出了我的想法……我对莫泽说：'你所谓的这些已经完成之物甚至还没有开始：它们如何能是已经完成了的呢？一个不知道艺术如何开始的人永远也不可能知道艺术如何结束。'"

布莱克尤其憎恨"掌握在佛兰德斯和威尼斯恶魔手中的可憎的明暗对比绘画法"。布莱克终生都在对抗"污暗和模糊的恶魔"，尽管他承认，在"提香精神"('the spirit of Titian')的驱使下被迫做出了一点让步。"提香精神在质疑不依靠模型进行创作的可能性方面尤为积极，一旦开始怀疑，他就很容易一次又一次地驱走幻象，因为当一个艺术家拿起铅笔去描绘观念的时候，他的想象力便减弱了许多，变得黯淡无光，而关于自然的、各种画派的画作的记忆会占据他的脑海……就像以另一个人的方式走路、说话，以另一个人的方式方法观看，与你自己的个性格格不入……"

鲁本斯也得到了布莱克勉为其难的赞赏："鲁本斯 36
是一个最可恶的恶魔，通过灌输对他的画作和创作风格的记忆,他阻碍了个人思想的一切力量:所以一个人一旦被鲁本斯的恶魔所支配,那么除了鲁本斯,他就不会再赞赏其他任何一位艺术家了。"

塞缪尔·帕尔默纠正了人们对布莱克的固有印象——认为他是一个狭隘的狂热分子,他无法欣赏艺术,除非他能从这种风格的艺术中汲取养分:"那些阅读过布莱克《目录》(*Catalogue*)的人们,可能会在其中读到某些充满愤怒的、大概是仓促写就的奇怪文章,但他们在听到他的谈话时会惊奇地发现,他绝不是一个宗派主义者或排外主义者,而是在整个艺术领域内寻找快乐源泉的人;同时,作为一个评论家,他是明智的,有识别力的。"

帕尔默回忆起的布莱克是一个老人,也许随着时间的推移他拓宽了自己的审美趣味。但我们的印象是,与其说是鲁本斯和提香,不如说是他们的学院派崇拜者激起了布莱克先知般的愤怒。

布莱克早期的朋友中有"狂野的"瑞士画家亨利·菲尤泽利(1741-1825),以及詹姆斯·巴里(1741-1806),巴里在皇家学院中负责绘制精美的壁画,与布莱克一样对米开朗琪罗有着强烈的兴趣。安东尼·布

15　为桑顿的《维吉尔》所作的插图，1821 年。
《特诺坐在一棵果树下》

伦特曾指出，布莱克与巴里两者的早期作品之间存在着几个极为相似之处，尤其是后者的《李尔王》(*King Lear*)和《约伯》(*Job*)两幅作品，它们似乎激发了布莱克的想象力。巴里是爱尔兰人、天主教徒，还是一个空想家，他们的友谊也许为布莱克对“罗马天主教会”的同情（被他的传记作者吉尔克里斯特所轻视）提供了线索。发生于一七八〇年的对抗天主教的暴乱(The Gordon Riots)给一直支持受迫害者的布莱克留下了深刻的印象。布莱克对革命的同情经常被记录下来（并

37 被夸大），因此在这里似乎值得提一下这种不经常得到注意的同情。我们最伟大的基督教艺术家从不去教堂，却“曾公开表示他对教会的喜爱胜过任何一种宗派主义”。塞缪尔·巴特勒回忆：“他经常问为何我们听到很多牧师工作，却很少听到士兵工作和律师工作。”他“偏爱教会政府”，其中他明确地赞赏教皇制度。圣女德兰[1]的《一生》（*Life*）是布莱克最喜爱的图书之一，并且他还赞美法国寂静主义者让娜·居永夫人（1648-1717）以及她的崇拜者，神学家弗朗索瓦·费奈隆（1651-1715）。

当我们考虑到布莱克一直沉浸在中世纪天主教传统最伟大的艺术中时，他的这些观点便不足为奇了；都铎王朝时期许多毁坏威斯敏斯特大教堂的粗野做法肯定也得不到他的任何赞美。

---

① 圣女德兰（St Teresa，1515-1582），一般被称作“阿维拉的德兰”（Teresa of Ávila），或“耶稣的德兰”（Saint Teresa of Jesus），旧译“圣女德肋撒”，十六世纪西班牙修女，作家，神秘主义者，也是天主教会册封的圣人，著有自传《耶稣的德兰的一生》（*The Life of Teresa of Jesus*）。

第二章 “希腊人遗失的艺术”

哥特式风格对布莱克的影响如此强大，以至于另 38
一种明显相反的，也即希腊复兴式风格对他造成的影响很容易被忽视。但是，凭借可靠的天才的禀赋，即在任何时候都对重大的，但不一定是流行的影响保持开放的态度，布莱克发现自己总是处于影响的中心位置。大约在一七八二年，托马斯·斯托瑟德（1755–1834），一位年纪较长的雕版师同伴将布莱克介绍给约翰·弗拉克斯曼，弗拉克斯曼那时刚刚结婚，居住在沃德街27号，距布罗德街和黄金广场不远。一段时间以来，布莱克常去那里分享他的朋友对希腊艺术的热爱。同样地，布莱克也全心全意地向他展示自己对哥特式风格的喜爱。我们发现布莱克在一七九九年给另一位希腊爱好者布里斯托尔的乔治·坎伯兰(1754–1848)——英国伦敦国家美术馆的创始人之一——的信中写道:他的“天才或天使”正在引导他的灵感去实现“我活着的唯一目的,那就是……去复兴希腊人遗失的艺术”。后来,布莱克描写了一些关于“希腊和罗马的战争奴隶”非常残酷的东西,但他一直保留着对希腊艺术和希腊神话的热爱。布莱克和弗拉克斯曼都爱好线型艺术,即“清晰明确的轮廓”,尽管弗拉克斯曼的艺术理念主要源于希腊艺术,而布莱克的则来自哥特式艺术。布莱克对“神圣的人类形态”——一种艺术的赤裸状态,未被自然的赤裸所模糊——终生的热爱部分反映了他对古老雕塑未曾衰减的赞赏,在学徒时期他便乐于临摹这些雕塑,后来他又与弗拉克斯曼一起发现了它们。

布莱克于一七八二年结婚。他的妻子是凯瑟琳·鲍彻(1762–1831),巴特西(Battersea)一位蔬菜种植者的女儿,没有接受过教育。他娶了一位地位低于自身的妻子,这让他的父亲不悦,毕竟他一直尽自己所有努力来鼓励这个有天赋的儿子。失去了父亲的庇护,威
39 廉离开了家,和他的凯瑟琳在莱斯特广场格林街 23 号安顿了下来。“王室的地位较低的分支近来都居住在

16　凯瑟琳·布莱克为二十八岁的威廉所画的肖像画

这片区域或广场上”,除此之外“伟大的贺加斯”也住在那儿。

布莱克在婚姻中的幸福也如他未受过教育一样被夸大了。凯瑟琳在社交方面对布莱克毫无帮助,但这也许并没有使他感到烦恼。布莱克曾经喜欢一个黑眼睛的女孩,但他的强烈热情没有得到回报,在沮丧之余他才和凯瑟琳结了婚。我们现在只能够(从《诗歌素描》中的一首诗里)推断出那个黑眼睛女孩的社会地位优于布莱克:

我在痛苦和悲伤中诅咒我的星星，
它们使我的爱如此之高，而我如此之低。

在他的父亲于一七八四年去世之后，布莱克搬回了布罗德街，居住在27号，紧邻他以前的房屋（他的哥哥詹姆斯已经在那里继承了家族的针织品生意）。布莱克邀请他以前学徒时期的朋友詹姆斯·帕克做合租人，让有才华的弟弟罗伯特当自己的学徒和现有家庭的一员。两年半以来，尽管经济上不是很顺利，但他们生活得很快乐，这个备受宠爱的弟弟是一个很不错的精神上的陪伴者。但是罗伯特在二十多岁时便去世了：这
40 是布莱克一生中最大的丧亲之痛。据《经验之歌》（*Songs of Experience*）以及其他一些尚未出版的诗歌里的证据表明，布莱克似乎开始觉得他的婚姻令人厌烦了。毫无疑问，凯瑟琳开始让他生厌了，并且她还没有孩子。这里要提及“一个女仆”，布莱克曾一度希望将她带到自己的家庭里来，因为斯威登堡学会（the Swedenborgian Society）允许这种行为（德西蕾·赫斯特在她关于布莱克的书《隐秘的财富》〔*Hidden Riches*〕中如此描述道），布莱克和他的妻子都是这个学会的成

员。诗歌《玛丽》（‘Mary’）和《阿尔比恩女儿们的异象》（*Visions of the Daughters of Albion*）（布莱克创作的诗歌，相当于弥尔顿关于离婚的小册子）中内在的微弱证据表明，布莱克有可能被作家和女权斗士玛丽·沃斯通克拉夫特（1759–1797）所吸引，他赞同她的爱情自由的观点。从《经验之歌》中的一些充满苦涩的内容，以及更多地从尚未发表的诗歌《威廉·邦德》（‘William Bond’）里的一些证据（也可以从谨慎的吉尔克里斯特那里）来推断，布莱克婚姻中的麻烦似乎很严重。不论是因为玛丽·沃斯通克拉夫特还是某些其他的女人，威廉和凯瑟琳都经历了一段悲伤的时光：

> “哦，威廉，如果你有另一份爱
> 有另一份比可怜的玛丽更好的爱，
> 就去娶那个女人做你的妻子吧
> 玛丽·格林将是她的仆人。”

诗歌的结局是相互的宽容取得了胜利：威廉·邦德被他妻子选择放手的崇高姿态所折服，而他也放弃了离开妻子的打算。这首诗歌结束的调子从未被任何仅仅描写浪漫爱情的诗人所触及：

寻找爱，在他人悲伤的怜悯中，
在别人关心的温柔安慰中，
在夜晚的黑暗和冬天的雪中，
在赤裸的和被遗弃的人中，在那里寻找爱吧！

在他们往后的日子里，布莱克先生和布莱克夫人生活得简单而和谐，这赢得了那些年轻画家的尊敬，对他们来说，布莱克不仅是绘画大师，而且是美好生活的大师。

在与布莱克建立友谊的初期，弗拉克斯曼说服了
乔赛亚·韦奇伍德（1730－1795）制作了波特兰瓶
（Portland Vase）的著名仿制品，这是他仿制的众多希腊
罗马式瓶罐中的第一个。在一封日期为一七八四年二
43 月五日的信中，弗拉克斯曼催促韦奇伍德前来伦敦“参
观威廉·汉密尔顿爵士的瓶罐，这是被带到英国的最
精美的艺术品”。一七八六年，波特兰公爵购买了这个
瓶罐，那之后在一七九〇年韦奇伍德陶瓷工厂生产了
一些仿制品，并将它们放置在格林街的韦奇伍德陈列

7－18 布莱尔的《墓穴》中的插图，1808 年：《灵魂探索墓穴的深处》；《死亡之门》

Etched by L. Schiavonetti

Death's Door

'Tis but a Night, a long and moonless Night,
We make the Grave our Bed, and then are gone!

19　波特兰瓶底部，布莱克根据上面的绘画为伊拉斯谟·达尔文的《植物园》制作了版画，1791 年

20 《耶路撒冷》,1804-1820 年。
卷首插图:《洛斯探索墓穴的深处》

室中展出。一七九一年伊拉斯谟·达尔文(他是自然
主义者查尔斯·达尔文的祖父,也是韦奇伍德的朋友)
在他的《植物园》(*Botanic Garden*)第一部分的一篇长篇
文章中认为——很有可能是错误地——这些瓶罐上的
人物形象是厄琉西斯秘仪(Eleusinian Mysteries)的标
志。布莱克为达尔文的作品制作了一套精美的版画,
因此有一阵在他的工作室里一定有这个瓶罐的原件或
复制品。《灵魂探索墓穴的深处》(*The Soul Exploring* 17
the Recesses of the Grave)的主题被布莱克用于他为布莱 18
尔的《墓穴》(*The Grave*)绘制的插图作品,以及日后创
作的几幅艺术作品中,可以肯定地说这些作品在某些
方面受到了波特兰瓶底部绘画的影响。在为布莱尔的 19
《墓穴》创作的其中一幅插图作品中,画面上方精力充
沛的男性形象与穿过"死亡之门"(按照达尔文的解释) 20
进入冥界的青年有一些相似之处。尽管《耶路撒冷》卷
首插图中的门有着哥特式风格(这表明布莱克的确很 44
了解威斯敏斯特教堂里其中一道通往地窖或修道室的
低矮的门),但画中人物的试探性前进的姿态依旧能使
人联想起波特兰瓶上的青年人形象。我们可以从对人
物左脚的描绘上,或者也许(取材自瓶罐上的另一个人

物形象)从刚好自脚踝处被遮住的右脚上,此外(如果
45 我们从脑海中摘掉人物头戴的十八世纪的帽子)还可
以从人物由于惊讶而半是恐惧、半是兴奋的急切的侧
脸上看到这一点。

同样也是为达尔文的书,布莱克雕版了菲尤泽利
21 的画作《给埃及施肥》(*Fertilization of Egypt*),并且在其
中加入一个他自己创造的人物形象:一位蓄着长须的
老年人,伸展双臂,像一片低空的云穿过天空前进。安
东尼·布伦特发现司风雨者朱庇特(Jupiter Pluvius)的
罗马浮雕显然激发了布莱克的灵感,并且也是布莱克
特别喜爱的绘画之一的源头,这组绘画描绘的是他自
己创造的(通常是“哭泣的”)、年老的人物形象——造
物主尤里森(Urizen)。弗拉克斯曼的其中一幅但丁插
图就源于这同一浮雕人物形象,或源于布莱克,或两者
皆有。

在一七九一年,布莱克根据威廉·帕尔斯的绘画作品,为斯图尔特和雷维特的《雅典和爱奥尼亚的古物》制作了一套取材自帕台农神庙浮雕饰带的版画作品。在接受了威廉·雷弗利正式委托给他的工作任务后,布莱克写道:“他很高兴接受雕刻如此美丽的东西

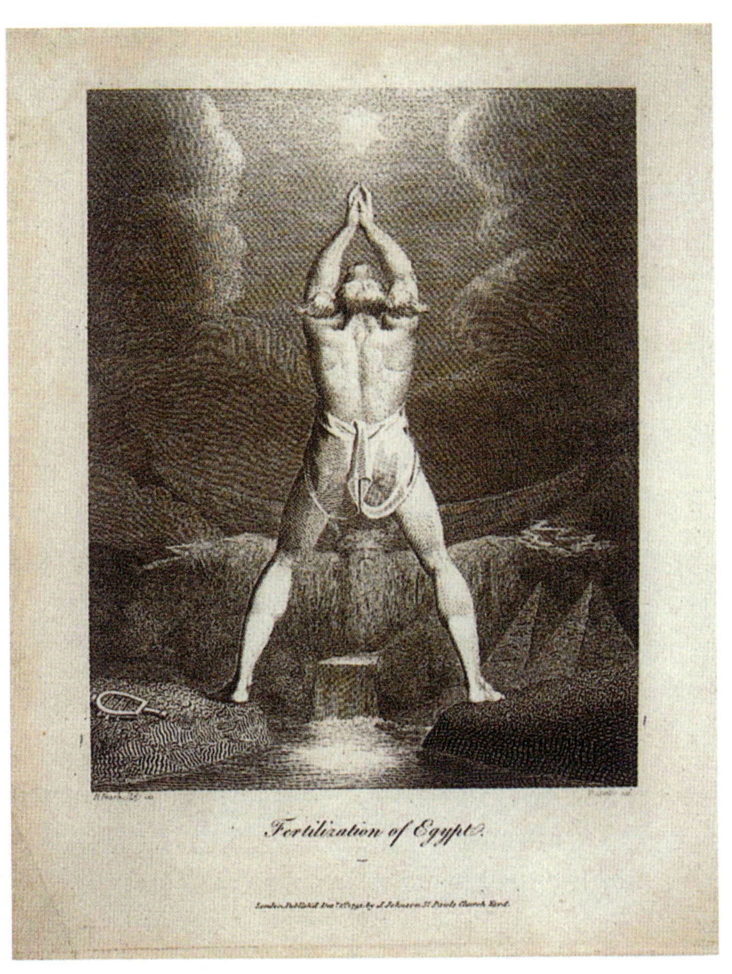

21　《给埃及施肥》，根据菲尤泽利的画制作的版画，出自伊拉斯谟·达尔文的《植物园》，1791 年

22 《丘比特与赛姬的结合》,“原创作者乔治·坎伯兰,雕版者威廉·布莱克”,1794 年

23 《天真之歌》,1789 年。《婴儿的欢乐》

的提议，并将在一月底前尽其所能。”从一七八七年到一七九四年，弗拉克斯曼在意大利生活了七年，之后他带着他著名的关于荷马、埃斯库罗斯，以及但丁的绘画系列回到英国。据说他关于《奥德赛》的版画作品在前往英国的航行中丢失了，但后来又被布莱克重新雕刻了出来。

46 当然，还有其他一些栩栩如生的主题能使人联想
145 起希腊雕塑或浮雕。蒙着面纱的瓦拉（《耶路撒冷》，版
画32）让人回想起古希腊罗马的肖像学传统，即将长长
的面纱松散地披在头顶上。一七九五年，布莱克的朋
友乔治·坎伯兰出版了一系列关于丘比特与赛姬
22 （Cupid and Psyche）的故事的绘画插图；布莱克雕版了
其中的八幅绘画，在其中一幅里，赛姬的面纱飘浮在她
的上方，这与瓦拉的形象有一些相似（大概瓦拉的希腊
女式长外衣或者说面纱就是来自赛姬的这个特征）。
23 可以从布莱克的《婴儿的欢乐》（‘Infant Joy’）插图的
仙女形象中看出坎伯兰的赛姬那一对可笑的蝴蝶翅
膀。而在《耶路撒冷》的扉页上，灵魂的翅膀在太阳、月
亮和星光的照耀下变得绚丽灿烂。毛虫、虫茧和蝴蝶
24 是布莱克经常重现的希腊象征性主题。在布赖恩特的

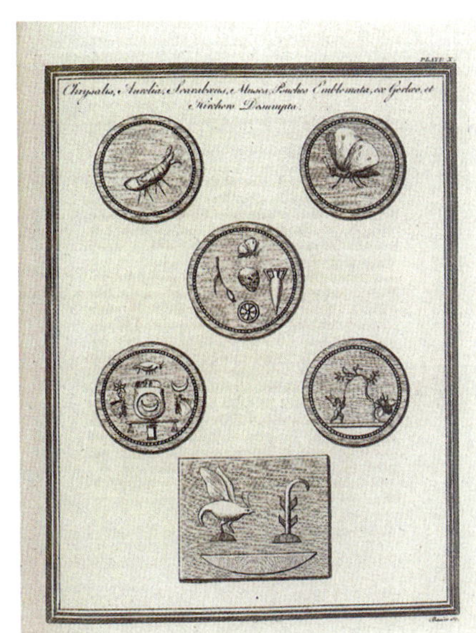

24 布赖恩特《神话学》中的希腊-罗马式纹章，1774-1776 年，上面有典型的变形之象征形象

25 “人是什么!”《天堂之门》的卷首插图，1793 年。“太阳的光线，当他展开它时，取决于注视着它的器官”

《神话学》中有来自古老的宝石、印章和凹雕的纹章，它
25 们代表了这种广泛流传的灵魂“重生”的希腊化象征。
在布莱克的《天堂之门》（*The Gates of Paradise*）中出现
的第一个令人难忘的象征性图案描绘的是一个“自然
48 人”毛虫，和一个在蜕变虫茧里熟睡的婴儿灵魂，除了
文学上的来源之外，这些形象无疑还源于上面说到的
那些纹章，或源自塞缪尔·帕尔默提到的布莱克自己
收藏的那些古老的宝石。

坎伯兰的《关于外形的思考》（*Thoughts on Outline*）出版于一七九六年，它颂扬了古代艺术特有的“简朴外形的不可估量的价值”，这句短语让人联想到布莱克的影响，以及在他们的圈子里流行的一种观点。坎伯兰终其一生都是布莱克的朋友，布莱克完成的最后一件作品是一张小卡片，上面有像仙女一样舞蹈的人物形象，是专门为坎伯兰设计的。

被称作“英国的异教徒”的柏拉图主义者托马斯·泰勒（1758–1835），是乔治·坎伯兰的朋友，而布莱克肯定也认识他。泰勒很可能就是讽刺残篇《月中小岛》（*An Island in the Moon*）中的“毕达哥拉斯主义者西普索普”（Sipsop the Pythagorean）。坎伯兰并不是布莱克和

泰勒之间可能存在的唯一联系：就在一七八七年弗拉克斯曼启程去意大利前不久，泰勒在弗拉克斯曼家里"站在一名高贵的观众前"作了一系列关于柏拉图哲学的演讲，布莱克极有可能出席了。泰勒的朋友威廉·梅雷迪斯描述了泰勒给布莱克讲欧几里得平行公设的场景："泰勒正在通过演示来讲解，但布莱克打断了他，叫嚷道：'啊，没关系——证明它有什么用。为何我用我自己的眼睛看到它就是这样的，并不需要任何证据来让它变得更清楚。'"很多年之后，在一八二一年，布莱克给新柏拉图主义者波菲利(234–305)的《林中仙女 169
的洞穴》(*De Antro Nympharum*；泰勒的译本)创作了一幅神话插图，这给人们一种印象(大约在同一时期所创作的《约伯记插图》也给人同样的印象)，他在长期思考一个象征性主题；确实，这一主题贯穿于他的诗歌，属于他思想中的最基本结构。这幅绘画描绘了波菲利有关灵魂"下降"到世代中，并且最终又"返回"的神话故事；这是新柏拉图主义哲学家们所设想的生命的循环。图画中雅典娜(她站在奥德修斯身后)的形象蒙着面纱，披着古典样式的衣服。那四匹拉着女神琉科忒亚(Leucothea)的马(还有那些拉着太阳神座驾的马)使人

26 《蒂里尔：哈尔和埃瓦在沐浴》,1785-1789 年

27 《蒂里尔扶着垂死的迈拉塔娜并诅咒他的儿子们》，
1786-1789 年

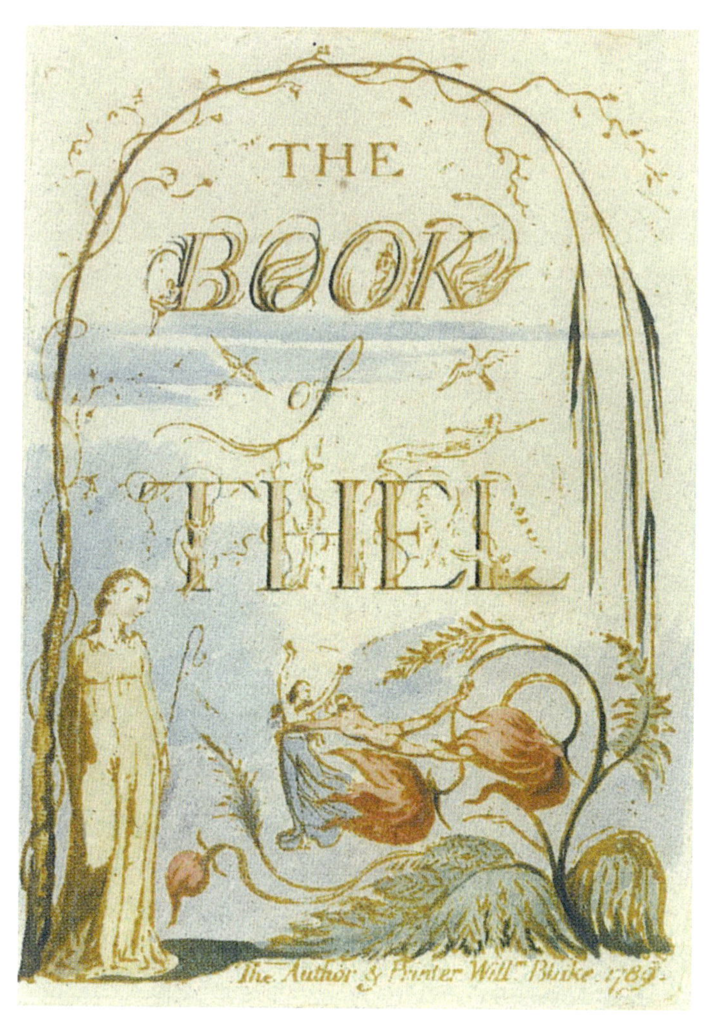

28 《特尔之书》,1789 年。扉页

联想起帕台农神庙的浮雕饰带，画面右上角的那些长有翅膀的人物形象头顶着水瓮，她们或许会使人想起雅典卫城里的女像柱。布莱克在怀念十八世纪九十年代他的圈子里流行的主题。

希腊对布莱克最强大的影响并不是视觉上的，而是神话方面的。由于布莱克经常为希腊式主题重新穿上现代的（或哥特式）外衣，人们还未普遍认识到他在何种程度上参与了希腊复兴式艺术。《经验之歌》（1794）的扉页以王室陵墓的风格表现了被处死的横卧的死者，但它潜在的神话有着柏拉图式的主题："死去"后进入这个世界的人们来自永恒生命的王国，"因为谁知道去活着不是去死，而去死不是去活着呢?"在为布 50
莱尔的《墓穴》创作的插图中，布莱克将同样的哥特式描绘应用于相同的柏拉图式场景中。

《走失的小女孩》（'The Little Girl Lost'）和《寻获的小女孩》（'The Little Girl Found'）（最初被收录在《天真之歌》中，而后被转到《经验之歌》中）重述了厄琉西斯秘仪的大仪式和小仪式（the Greater and Lesser Mysteries of Eleusis）——科莱（即珀尔塞福涅）下到冥府之中，对应母亲寻找孩子的九个神秘的夜晚。这两部诗集的创作基于托马斯·泰勒的《关于厄琉西斯秘仪和酒神节仪式的论述》(*Dissertation on the Eleusinian and Bacchic Mysteries*),同样也基于伊拉斯谟·达尔文所描述的波特兰瓶上的人物形象。布莱克作品中的许多主题,包括神话学的和哲学的,尤其是他早期的预言书(兰贝斯作品)中所展现的主题都源于泰勒的创作作品和译著。

26 布莱克的戏剧诗《蒂里尔》(*Tiriel*)创作于一七八
27 九年,它是希腊和炼金术主题与卢梭和玛丽·沃斯通克拉夫特的新教育理论的奇怪混合。蒂里尔这一人物形象本身与索福克勒斯的《俄狄浦斯在科罗诺斯》(*Oedipus Coloneus*)中的俄狄浦斯形象有许多相似之处,而布莱克的(典型的牵强)情节暗示了年老的俄狄浦斯和他所诅咒的儿子们之间的冲突。毋庸置疑,布莱克将全部的同情心都用在了儿子们身上。《蒂里尔》的插图反映出布莱克的新古典主义兴趣:有几幅版画会使人联想到古典建筑,并且人物形象的服饰——例如版画 7 中赫拉(Hela)与蒂里尔的服饰——或多或少展现出希腊式风格。

第三章　一种新的印刷方法

《诗歌素描》是布莱克创作的首本诗集(收录了他 51
少年时写的一些诗),它于一七八三年在某个马修夫人的资助下出版,她是一位牧师的妻子,曾经“占用”弗拉克斯曼,并且通过弗拉克斯曼的介绍,一度进而资助布莱克。马修夫人和她的丈夫支付了布莱克诗歌一半的印刷费用,剩下的显然是由弗拉克斯曼支付的。根据吉尔克里斯特的记录,马修夫人经常为弗拉克斯曼阅读荷马的作品;但当他们意识到布莱克参与进来是为了教授知识而不是学习的时候,他在马修夫人的爱慕者圈子里便不再受到那么热情的欢迎了。布莱克并不乐意忍受这些资助人,十五年后在他受雇于诗人和乡绅威廉·海利(1745-1820)的三年期间又重复上演马修夫人式的喜剧（这次同样是和那个善意的中间人弗拉克斯曼一起）。布莱克在社交方面从来都不是一位容易相处之人。作为“一位精神上的贵族”，布莱克是骄傲而好辩的，还激烈反对流行的时尚，在他的艺术、哲学和宗教思想中同样能看到这些特征。在他的世界中，唯一站得住脚的角色是在晚年时成为一名受人尊敬的老师，教授一群被称为“肖勒姆古人”（‘Shoreham Ancients’）的青年艺术家。

为快速成功而工作的艺术家们必须跟上时尚的潮流，要么具备社交魅力和机智，要么拥有私人财产。乐于向莫泽就“威尼斯和佛兰德斯的恶魔”的主题倾诉想法的布莱克，是“他自己王室里的牧师和国王”，而不是朝臣。在政治上他是一个激进分子，在宗教上他是一位斯威登堡的信徒，而且对挣钱没有任何兴趣，因此很明显，布莱克命中注定是世俗世界的失败者。布莱克是一个勤勤恳恳的人，作为一名雕版师，他十分辛苦和认真地完成自己的工作。但他的思想却在别处。

52 不论是出于何种原因或情况，布莱克后来的诗集没有找到出版商。他的《法国大革命》（*The French Revolution*）确实是一部难以理解的叙述和评论诗，它浮夸的风格使人想起托马斯·卡莱尔晚期的同名散文作品,实际上布莱克的朋友兼雇主——激进的书商约瑟夫·约翰逊(1738-1809)已经完成了这本书的排版工作,但考虑到这本书太过危险而没有出版。

布莱克早期作品中的政治和道德颠覆性,为他为何自己出版作品提供了一种解释的可能性;但还有更深层的原因吗?他是希望创造出一种完全新型的图书吗?它们就像一些中世纪的诗篇一样美丽,通过设计和色彩的修饰来增强文字效果?书志学家、学者杰弗里·凯恩斯(1887-1982)指出,大约在一七八四年布莱克写作他的滑稽剧《月中小岛》时,布莱克就已经开始萌发创作这类图书的想法了。一个段落的手稿遗失了第一部分,因此开头很突兀:

> "……这样装饰手稿。"
>
> "是的,"她说道,"那样会很棒。"
>
> "那么,"他说道,"我想要将所有文字都雕版出来而不是印刷出来,每页的另一面都有一张精美的印刷图——一共三卷,对开本——每本卖一百英镑。它们会印上两千册。"

这个主意绝不是要做一个穷孩子，而是要挣一大笔钱。

凯恩斯认为有可能是乔治·坎伯兰向布莱克提出了这个想法。坎伯兰在一七八四年初给他的兄弟理查德的信中写道：“随信附上一张我的新印刷方法的样品——这是一个夜晚的消遣，并且如果我需要的话可以印两千张——你在这里看到的这一页完成起来就和书写一样简单，而成本也是微不足道的。”坎伯兰在信中进一步指出这只需一次印刷即可，而且铜板可以重复使用——唯一的困难是这类作品只能借助镜子来阅读，因为字母是反向的。“然而我们也有补救这一缺陷的办法。”他补充道。这个“我们”是否可能包括布莱克，或者布莱克可能是这个想法的真正创始人？坎伯兰总结道：“在不考虑时间的情况下，这一页的费用是一先令六便士，对作者来说根本不算什么，而铜板切碎之后还值原价的六分之一。在下一封信中我会告诉你更多东西，也让你成为这类雕版师，完全掌握这门技术。”

53 大约在一七八八年，布莱克第一次使用“图画装饰
29 印刷”方法。三本命名为《没有自然宗教》(*There is no*
Natural Religion)的小册子是他在这种艺术上的第一次

29 《没有自然宗教》中的插图，约 1788 年。这是布莱克为之制作插图的第一本书

尝试。相较于布莱克后期的作品，它们制作粗糙，开本很小（因为铜很贵），设计也很简单。《天真之歌》的扉页上显示的日期是一七八九年，这很可能是因为，布莱克很满意自己的新方法，于是他满怀希望地开始了下一部诗集扉页上的工作。

同时代版画家约翰·托马斯·史密斯（1766–1833）的叙述告诉了我们幻觉给布莱克带来的帮助。当布莱克的弟弟罗伯特于一七八七年去世时，布莱克看到他的灵魂升起，"穿过实实在在的天花板，'欢快地拍着手'"。他弟弟的灵魂后来继续出现在他面前。当布莱克"无法想出方法，在不受制于铅印机费用的情况下完成他的插图本诗歌的出版工作时，在他的一次幻想中，他的弟弟罗伯特站在他面前，坚决地给他指了一条他应该走的路，布莱克立马听从了他的建议，用一种不被酸腐蚀的液体在铜板上写下他的诗歌，并描绘出页边的装饰物的轮廓，然后用硝酸腐蚀掉铜板上位置较低的平整光亮的部分，这样轮廓保留下来形成一个模型"。

55 鲁思文·托德在画家若昂·米罗（1893–1983）的帮助下已经尝试过制作这一类反向的图像。它的制作过程是先用光漆在一张纸上写字，然后将纸翻过来放置在铜板上，再按压纸张：一个精美的制作过程。

布莱克徒手创作的水彩插图也得益于超自然的灵感。根据吉尔克里斯特所述，“布莱克在一块雕塑用的大理石上研磨他的水彩画颜料，用一种自己的方法将其与稀释过的普通木工胶混合——就像他之前的那些意大利人一样，布莱克发现这种木工胶是一种很好的黏合剂。神圣的木匠约瑟曾出现在他的幻想中，将那个秘密透露给他”。鲁思文·托德认为那种“木工胶”会很粗糙，因此一定还使用了一些更加精细的材料。“布莱克使用的颜色少而简单，”吉尔克里斯特继续写道，“靛蓝、钴蓝色、藤黄、朱红，大量的法兰克福黑，极少的深蓝色，完全没有铬黄色。他着色时用的是骆驼毛刷，而不是他厌恶的黑貂毛刷。”

布莱克从未印刷出他的两千册，也没有发财致富，至于其他方面，坎伯兰的信预言了这种方法的一些优势。他可以按自己的需要来印刷：不论布莱克在什么时候找到买主，他都能随时不断印刷《天真之歌》和后来的《天真与经验之歌》，以及他后期的其他作品，直到他去世。布莱克使用多种颜色的颜料：有蓝色、绿色、青绿色、金黄色或黑色。他偶尔也在同一块版中混合两种不同颜色的颜料。但水彩“插图”使每一个印刷品都有其独特之处。它们之间有很大的差异：每一个印刷品都有自己的色域，都是一个独特的创造物。《天真之歌》的早期印刷本通常有彩虹般的透明和精美，而后
30-2 来的一些印刷本则非常阴郁，金色的颜料闪着光，就像那些无疑启发了布莱克灵感的中世纪诗集。

《天真之歌》总共包含三十一幅插图，但在这本书已知的二十三个印刷版本中，插图的数量和顺序各不相同。《走失的小女孩》和《寻获的小女孩》这两篇后来又被转到《经验之歌》中。布莱克的其他作品也是如此，包括《弥尔顿》(*Milton*)和《耶路撒冷》，从来都没有完全确定最终的顺序。

写作、雕刻、绘画、着色，甚至连混合颜料都是布莱克的工作，布莱克夫人则负责装订，她还学会了从图上去掉印痕。从一些保留下来的印刷品上可以推断它们是由布莱克夫人着色的，因为她上色时用的力道更大。

56 《天真之歌》原打算是为孩子们而创作的，但他投入到这本书的创作中之后，除了创作美，很快就忘记创作的意图了。然而，雕版于一七九三年的一本具有象

30 《天真之歌》，约 1825 年。卷首插图

31 《天真之歌》,约 1825 年。《花朵》

32 《天真之歌》,约 1825 年。《有回声的草地》

征意义的图书《天堂之门》，被命名为《给孩子们》。[①] 在十八世纪末儿童读物十分常见，其中大多数都具有道德和宗教上的特点，像安娜·利蒂希娅·巴鲍德的《给孩子们的散文体颂歌》(*Hymns in Prose for Children*)和艾萨克·沃茨的《给孩子们的道德圣歌》(*Divine and Moral Songs for Children*)。玛丽·沃斯通克拉夫特翻译了德国人扎尔茨曼的《供父母和孩子使用的道德要素》(*Elements of Morality for the Use of Parents and Children*)，这本书取材自现实生活中的简单事件，配有大量插图，其中一些是由布莱克雕版的。毫无疑问，玛丽自己的作品《来自真实生活的原创故事》(*Original Stories from Real Life*；布莱克为该书绘制了十幅并刻了五幅插图)正是受到了扎尔茨曼作品的启发。玛丽·沃斯通克拉夫特(她给布莱克的朋友——激进的书商约翰逊当法语编辑)受到了卢梭的影响，卢梭认为童年作为自身的法则，与理性时代知性的教学习惯形成了强烈的对比。

---

① 布莱克 1793 年的这本书全名为《给孩子们：天堂之门》(*For Children: The Gates of Paradise*)。1818 年，布莱克又重新雕版了这本书，加入一些新的内容，改名为《给两性：天堂之门》(*For the Sexes: The Gates of Paradise*)。

一定是在与玛丽交往期间，布莱克形成了为孩子们写书的想法，关于童年，则反映出他与卢梭有共同的信念，即在自由中展开每个人的想象力，是唯一正确的教育。

在尚未出版的插图诗《蒂里尔》中，布莱克就已经 26
谴责过当时的童年观——这种观点在很大程度上源于 27
行为主义和洗脑学的先驱约翰·洛克(1632-1704)——认
为童年是由“指示”“塑造的”一种被动状态。这首诗以
严厉的愤怒描述了按照机械论的理性主义法则，从外
界把一切都强加给孩子，无视生命本身神秘的形成法
则去“塑造”一个孩子的后果。蒂里尔，这位盲眼的父
权专制的暴君，他本身也是这种教育的产物，在死去时
诅咒那些通过强迫他顺从而剥夺了他生活的人。对卢
梭来说，每一个孩子都是独一无二的；布莱克的格
言——由《天堂和地狱的婚姻》里的尼布甲尼撒[①]被迫 34
食草的插图展现出来——“为狮子和公牛制定的一个

---

① 尼布甲尼撒(Nebuchadnezzar)，所指的应该是尼布甲尼撒二世(Nebuchadnezzar Ⅱ，约公元前634-约前562)，巴比伦国王，因修建空中花园、毁掉所罗门圣殿而闻名。他在圣经中多次以“尼布甲尼撒”之名出现。

律法就是压迫”，可以总结卢梭和玛丽·沃斯通克拉夫特的，同样也是布莱克自己对当时教育的看法。因为“婴儿期”，卢梭写道，“有自己独特的感知、思考和感觉方式。”不成熟的教导是“不考虑每个人特有的天赋。因为，除了人类这个物种共有的素质外，每个孩子出生时都具有自己独特的气质，这决定了他的天赋和性格，不论是滥用还是抑制这种气质都是不正确的，教育的
59 任务只是去塑造并将其完善。所有被归咎于恶毒性情的恶习都只是受到了不合礼貌的举止的影响……如果天性能得到正确的引导，世上没有一个恶棍不会产生伟大的美德”。

布莱克也是这样认为的，他在许多年后说，他从来不认识一个身上毫无优点的恶棍。布莱克认识到，“每个人的天赋都是独一无二的”，这是他与卢梭和玛丽·沃斯通克拉夫特的共同观点。

布莱克也是一位柏拉图主义者，他在他第一部雕版的格言集《没有自然宗教》中抨击了洛克，正是因为洛克拒绝接受柏拉图的观点——存在与生俱来的理念。大约在一八〇八年，布莱克在雷诺兹的《论绘画》的页边空白处写道：“有关理想美的知识不是后天获得的，而是我们与生俱

来的。每个人都有天生的理念。出生时就具有的,这样他们才是真正的自己。”晚年时,布莱克再次在他那本贝克莱的《西里斯》(*Siris*, 1744)的页边空白处写道:“精神的身体,或者小孩般的天使,总是注视着天父的脸。”

当然,这超越了卢梭——确切说超越了柏拉图。布莱克的基督教的精髓是他对“内在的上帝”(God within)和“想象之耶稣”(Jesus the Imagination)的构想。对布莱克来说,童年是生命精神最纯净的本质,是它自己本身。教育不能赋予存在(Being)任何其他东西。“所有生命都是神圣的”,不因任何附加的品质,而在其本质:

> “我没有名字,
> “我只有两天大。”
> 我应该叫你什么呢?
> “我是幸福的,
> “快乐是我的名字。”

在这几行看似天真的诗句中,布莱克描述了他所设想的生命的本质。快乐——高兴——是生命的本质,所有自然状态下的生命都寻求快乐。在他看来,宇宙的机械论观点——当下流行的以自然神论(“自然宗教”),以及培根、牛顿和洛克的哲学为幌子的启蒙思想——是生命的敌人;生命是不可估量的,它不能被捕获或包含在定量的“自然法则”内,后来亨利·柏格森(1859-1941)用更加严谨的哲学术语陈述了这个观点。

“愚蠢之时间是可以由时钟来计量的,但智慧之时
60 间是没有时钟能计量的。”牛顿学说下的宇宙是用空间
和时间令人敬畏的远景压倒了人的自我价值感,与之
相反,布莱克肯定了无处不在的生命的神圣,不论是在
微小的还是巨大的事物中:

在一粒沙子中看见一个世界,
在一朵野花中看见天堂,
在你的手心里掌握无限
在一小时中留住永恒。

布莱克所描绘的所有最具特色的以及最美丽的形象都是微小的事物:野生百里香和绣线菊——“没有人能知道这么小的花心里如何散发出如此甜美的芬芳”;“小翅膀的飞虫”,毛虫、蚂蚁、蚱蜢和蜘蛛;小鸟——云雀、

夜莺或知更鸟；那些“撒旦在每一天中无法发现的片刻”，在其中诗人完成了他的作品；而最重要的是，“小中见大”（*multum in parvule*）的最高象征是圣子。生命既不伟大也不渺小，每个生命本质的尊严不是相对的，而是绝对的。童年——天真——对布莱克来说，不是一种缺乏经验的、无知的状态，而是一种纯粹的状态。

在《天真之歌》中，生命的能量和自发性贯穿于布莱克笔下的每一行诗中：跳跃、奔跑和飞翔的人物形象，他的“蜿蜒的藤蔓”的卷须，象征着万物中唯一的生命，在天真的世界里，这不是一种理论，而是一种存在的状态。也许，这些诗歌的形式很简单，但蕴含着巨大的智慧，且建立在哲学的坚实地基上。它们所体现的基本知识，比启蒙运动时期的哲学家及其法国同行们——伏尔泰、狄德罗和百科全书派——所阐述的令人印象深刻的概念思想结构更经久不衰。这正是一个富有想象力的见识之奇迹，因为布莱克的阅读深入而广泛，他不仅阅读那些他攻击的人的作品，也阅读柏拉图、普罗提诺、贝克莱、《赫耳墨斯秘籍》（*Hermetica*）、帕拉塞尔苏斯和弗拉德，以及雅各布·波墨（1575–1624）和斯威登堡的神秘神学。

5

But he that loves the lowly, pours his oil upon my head.
And kisses me, and binds his nuptial bands around my breast.
And says; Thou mother of my children, I have loved thee.
And I have given thee a crown that none can take away
But how this is sweet maid, I know not, and I cannot know,
I ponder, and I cannot ponder; yet I live and love.

The daughter of beauty wip'd her pitying tears with her white veil,
And said. Alas! I knew not this, and therefore did I weep:
That God would love a Worm I knew, and punish the evil foot
That wilful, bruis'd its helpless form: but that he cherish'd it
With milk and oil, I never knew; and therefore did I weep,
And I complaind in the mild air, because I fade away,
And lay me down in thy cold bed, and leave my shining lot.

Queen of the vales, the matron Clay answerd: I heard thy sighs.
And all thy moans flew o'er my roof, but I have call'd them down:
Wilt thou O Queen enter my house, 'tis given thee to enter,
And to return; fear nothing, enter with thy virgin feet.

IV

33 《特尔之书》，1789 年。“克莱夫人”

布莱克笔下的人物明显是无重量的，他们无需巴洛克式的，乃至维多利亚时代天使需要的笨重翅膀就能轻松自如地飞翔，这是因为布莱克认识到，生命不受自然力量的支配。生命——意识——能够随心所欲地自由移动。在想象中，它可以沿着山丘的轮廓线跳跃，或者是跃到云朵上。

在《天真之歌》中，布莱克笔下的人物已经从束
缚物质对象的引力中获得了自由：从那以后，他所
有关于人类形态特点的描绘在本质上都具有布莱克 61
式特征，他的同时代人中没有任何一个人与他相同。
和之前一样，他可能是受到了早期基督教艺术的影响，那些天使和神圣的人物，他们本质上，而不仅仅是名义上，是非物质的存在，占据着精神而非物质的空间。

在创作《天真之歌》与《经验之歌》之间的五年时间
里布莱克制作了两部绝美的插图书：《特尔之书》(*The* 28
Book of Thel, 1789)与《天堂和地狱的婚姻》(1790– 33
1793)。《特尔之书》在精神上与《天真之歌》中天堂般的世界相似。它由七幅版画组成，大约长六英寸，宽四点二五英寸；更大的尺寸表明布莱克现在对自己的技

术更有信心了。这些设计比《天真之歌》中的更能表现出布莱克想象中的“天真”的轻松优雅、自由和富于表现力的甜美等特征。布莱克现在开始将“明亮的美丽迷雾”般的彩色涂料用于整页纸上，它看起来就如天堂的光一样照亮了文字和设计的图案。这首诗歌的主题是新柏拉图主义的，它在很大程度上借鉴了托马斯·泰勒最近翻译出版的普罗提诺的《论美》，以及泰勒在这部译作和同时期的其他作品中所描述的有关灵魂“下降”到世代中的观点。

34-6 大约一年之后雕版完成的《天堂和地狱的婚姻》以
38 其炽烈的形式和颜色反映出“地狱，或能量”的观念，这
62 正是布莱克的思想特征。在恐怖行动，以及随后对众
多早期支持法国大革命的自由主义者——吉伦特派成员，玛丽·沃斯通克拉夫特以及托马斯·潘恩的朋友们——进行大屠杀以前，布莱克还戴着**红色的软帽**(*bonnet rouge*)行走在伦敦的大街上。他是一位共和主义者，认为最先在美国、然后在法国爆发的革命是自由和生命精神——无论以何种形式出现，对他而言都是神圣的——的表现。在法国，当事实证明情况并非如此时，布莱克改变了他对政治解决方法的价值的看法。

“当看到我的同胞们因为政治而烦恼时我真的很遗憾,”在经历了二十年的“光荣革命”(‘glorious revolution’)以及接下来的战争之后,他在一八〇九年左右写道,“如果人民是明智的,那么最专制的君主也不能伤害他们;如果他们不明智,那么最自由的政府也会被迫施行暴政。”对布莱克来说,政治“是人类生活之外的其他事情”。他始终憎恨战争,并且相信只有在和平的国家里艺术才能繁荣。“罗马和希腊将艺术扫进了它们的大嘴里,并毁掉了它;一个好战的国家永远不可能产生艺术。它会抢劫和掠夺艺术,将其积聚在一个地方,然后翻译、复制、买卖和批评,但不会创造。”《欧洲:一个预言》(*Europe: a Prophecy*)是一本控诉战争的书,它创作于布莱克和他的朋友们希望英国不要与法国开战之时;但后来,从他对皮特和纳尔逊的“神化”(一八〇九年)中可以看出,布莱克——即便不是在传统意义上,至少也在有精神理由的预言范围内——似乎反对拿破仑,是国家事业的支持者。但他自认为是其公民的“幸福国家”却是“不属于这个世界的王国”。

与此同时,在《天堂和地狱的婚姻》中有一个“新生的恐怖者”——沃克,一个在自己能量的火焰中燃烧的孩子——被称为新时代的弥赛亚，而布莱克认为自己是这个新时代的先知。在布莱克所有的书中，也许这本书在文字和设计方面拥有最强大的力量。它的文体不再是抒情诗体，而是格言警句和在“面纱后面”经历的幻想事件的寓言。“能量是永恒的快乐”，并且生命——在有着“燃烧的四肢和火焰般头发”的“新生的恐怖者”那里，与《天真之歌》中云彩上无羁绊的孩子那里一样神圣——遵循着它与生俱来的能量法则。若使之自由，生命就是温和有爱的；若阻碍它，生命就是反叛和暴力的。能量若被束缚，如尼布甲尼撒那样，高贵的人性被迫进入“吃苦耐劳的公牛”的食草本性中，便会变得好战和凶猛。在这本书中，布莱克将所有的同情都给予了狮子和魔鬼，以及“地狱深处的”巨大火蛇。他所描绘的暴君是国王、教会、父母以及教师。“愤怒的老虎比传授知识的马更智慧。”

63 毫无疑问，这本书表达了布莱克对革命力量的同情，革命被看作是不可压制的生命能量的表达。但与此同时，该书也是他深入研究的成果，他的研究包括波墨的神秘主义宗教学，帕拉塞尔苏斯、弗拉德和阿格

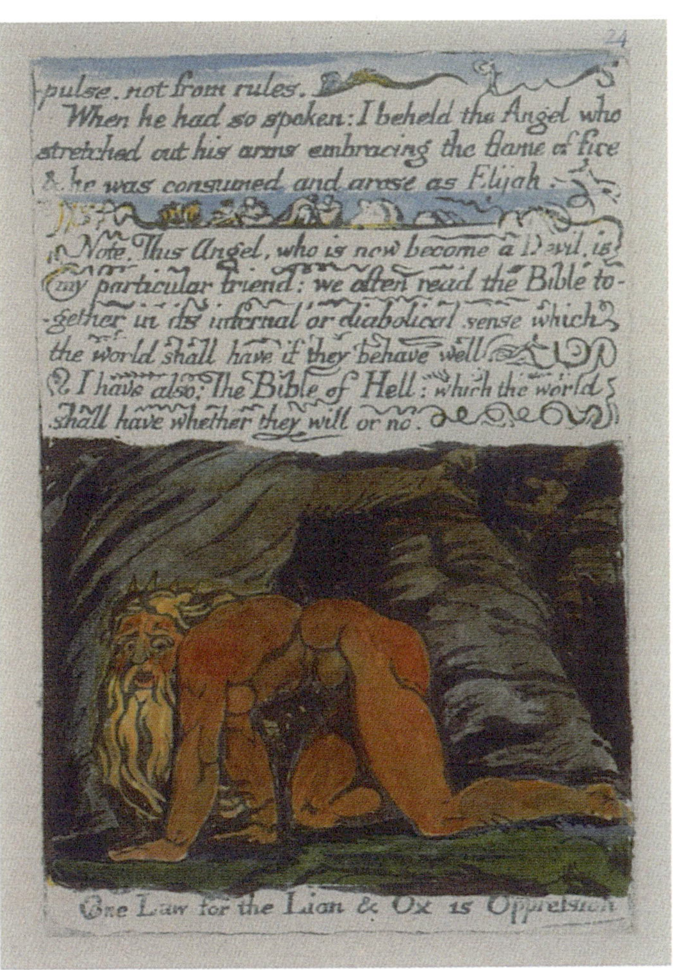

24

pulse. not from rules.

When he had so spoken: I beheld the Angel who stretched out his arms embracing the flame of fire & he was consumed and arose as Elijah.

Note. This Angel, who is now become a Devil, is my particular friend: we often read the Bible together in its infernal or diabolical sense which the world shall have if they behave well.

I have also: The Bible of Hell: which the world shall have whether they will or no.

One Law for the Lion & Ox is Oppression

34 《天堂和地狱的婚姻》,约 1794 年。《尼布甲尼撒》

35 《天堂和地狱的婚姻》，约 1794 年。扉页：在画面下方，一个云中的天使和一个火焰中的魔鬼拥抱在一起；他们上方便是大地的表面

36 《天堂和地狱的婚姻》,约 1796 年。《灵魂在身体上空徘徊》

里帕[①]的炼金术著作，以及正统和非正统的西方秘契主义（Western Esoteric）。无论如何，基督教在它的通俗形态中从未充分理解卡尔·荣格（1875－1961）所说的原型的矛盾情绪（ambivalence of the archetypes）。没有任何精神能量或灵魂情绪纯粹是好的或纯粹是邪恶的，面貌的转变取决于环境的变化。大乘佛教中有一个众所周知的事实，它的神明既有平静的，也有愤怒的面容；同样，在印度教（Hinduism）中，迦梨（Kali）和湿婆（Shiva）也有温和的面容和可怕的面容；在古希腊宗教，以及塞菲拉的生命之树（Cabbalistic Tree of the Sephiroth）这一犹太神秘主义传统中也是如此。波墨也许比任何其他基督教神秘主义者都更深刻地理解这一真理，因此布莱克追随他。《婚姻》远远不止有“宗教”思想，它是一部看到了至关重要的原因之本质的预言书；是希伯来先知口中的“神启”，正如布莱克所说的那样。布莱克宣称，“诗灵”

---

① 全称 Heinrich Cornelius Agrippa von Nettesheim（1486－1535），一般称他为 Agrippa von Nettesheim（“内斯特海姆的阿格里帕”或“阿格里帕·冯·内斯特海姆”），文艺复兴时期最有名的神秘主义者之一，其著作《神秘哲学三书》（*Three Books of Occult Philosophy*）对后世的宗教、哲学和文化有广泛的影响。

(Poetic Genius)通过先知以赛亚和以西结之口说话，所有异教徒的“诸神”都要向之俯首称臣；“这正是我们伟大的诗人大卫王如此热切地渴望，如此可怜地祈求之物，他说他以此征服敌人，统治王国”。在这里，布莱克的“想象之耶稣”第一次呈现出与弥尔顿的“弥赛亚，或理性”相反的一面：“在《约伯记》中，弥尔顿的弥赛亚被称作撒旦。”布莱克总结说，耶稣“具有一切美德，他的行动是出于冲动，而不是规则”。《婚姻》的前提与《天真之歌》的前提相同，但有更大胆的延伸。

由于布莱克在《天堂和地狱的婚姻》中写道“没有对立就没有进步”，人们通常假设，天真与经验的状态代表了一组对立的事物，就像他笔下的理性与能量，或天堂的平静与“天才的火焰”。他说，事实并非如此，因为“否定不是对立”。布莱克认为，相对于伏尔泰的《老实人》(*Candide*)或约翰生博士的《拉塞拉斯》(*Rasselas*)等启蒙运动类图书高度重视的“经验”的智慧，天真的状态并不是一种无知。天真状态是一种明
朗的、不受阻碍的生命，布莱克认为孩子是这种状态的 37
象征，而剪去青春翅膀的“年迈的无知者”则是经验的
象征。《经验》的扉页上描绘了两位在“哥特式”坟墓旁哭 40

37 《天堂之门》，1793年。《年迈的无知者》。感觉器官关闭时，它们的对象也消失了

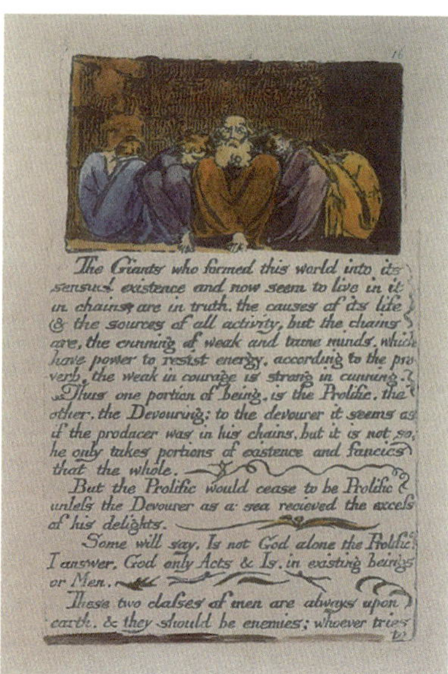
16

The Giants who formed this world into its sensual existence and now seem to live in it in chains, are in truth. the causes of its life & the sources of all activity, but the chains are, the cunning of weak and tame minds. which have power to resist energy. according to the proverb, the weak in courage is strong in cunning.

Thus one portion of being, is the Prolific. the other, the Devouring: to the devourer it seems as if the producer was in his chains, but it is not so, he only takes portions of existence and fancies that the whole.

But the Prolific would cease to be Prolific unlefs the Devourer as a sea recieved the excefs of his delights.

Some will say, Is not God alone the Prolific? I answer, God only Acts & Is, in existing beings or Men.

These two clafses of men are always upon earth, & they should be enemies; whoever tries

38 《天堂和地狱的婚姻》，约1794年。《监狱中的乌哥利诺和他的儿子们》

39 《天真与经验之歌》,1794 年。卷首插图

40 《经验之歌》,约 1825 年。扉页

39
The SICK ROSE
O Rose thou art sick.
The invisible worm,
That flies in the night
In the howling storm:
Has found out thy bed
Of crimson joy:
And his dark secret love
Does thy life destroy.

41 《经验之歌》,约 1825 年。《病玫瑰》

42 《经验之歌》，约 1825 年。《伦敦》

The Tyger.

Tyger Tyger, burning bright,
In the forests of the night;
What immortal hand or eye,
Could frame thy fearful symmetry?

In what distant deeps or skies.
Burnt the fire of thine eyes?
On what wings dare he aspire?
What the hand, dare sieze the fire?

And what shoulder, & what art,
Could twist the sinews of thy heart?
And when thy heart began to beat,
What dread hand? & what dread feet?

What the hammer? what the chain,
In what furnace was thy brain?
What the anvil? what dread grasp,
Dare its deadly terrors clasp?

When the stars threw down their spears
And water'd heaven with their tears:
Did he smile his work to see?
Did he who made the Lamb make thee?

Tyger Tyger burning bright,
In the forests of the night:
What immortal hand or eye,
Dare frame thy fearful symmetry?

43 《经验之歌》,1794 年。《老虎》

泣的人，而“死者”，也即在精神上死亡了的人，像雕像一样
躺在他们自己的坟墓上。布莱克的“地狱，或能量”是生命
65 的一种模式，“狮子的吼叫，狼的嚎叫，海面上肆虐的风暴，
和毁灭性的战争，都是永恒的组成部分，它们对人类的眼
睛而言都太过巨大了”。经验是生命的对立面。生命可能
会受到阻碍或否定：由于单相思，如在《天使》（‘The
Angel’）或《啊！向日葵》（‘Ah！Sunflower’）中；由于受压
抑的童年，如在《保姆之歌》（‘Nurse’s Song’）和《扫烟囱的
孩子》（‘The Chimney Sweeper’）中；由于道德上的压迫，如
在《爱情的花园》（‘The Garden of Love’）和《走失的小女
孩》中；或是由于社会的不公正，如在《伦敦》（‘London’）
42 中。“年迈的无知者”把“宗教之网”撒遍所有地方，而在
《伦敦》中让人想起的人类城市的黑暗面，无非是野蛮与反
常之总和，是对生命的抑制，对此每个人多少都负有责任：

> 每一个成人的每一声呼喊，
> 每一个幼儿恐惧的惊叫，
> 每一个声音，每一道禁令，
> 在其中我都听到心灵铸成的镣铐。

正是这些“心灵铸成的镣铐”(有时被描述成锁着伪 71
神尤里森双脚的镣铐)使本该长满玫瑰的地方遍布荆棘,使鬼鬼祟祟的“低语”代替了孩子的欢笑,使“本该有花朵的地方竖立着墓碑”。布莱克控诉教会和国家、父母、保姆和教师;但最重要的是,他还控诉“人脑”的扭曲,它的推理混淆了生命的单纯,它“编织了一个陷阱”,灵魂被紧紧地缠在其中,就像被困在一张禁令和虚伪的蜘蛛网里。《经验》中的许多诗歌都与《天真》中的诗歌相对立,《婴儿的悲哀》(‘Infant Sorrow’)与《婴儿的欢乐》两首诗歌中的差别正是爱与爱的缺失之间的差别。诗歌《有回声的草地》(‘Ecchoing Green’)是一个被同情环绕的童年世界,而《保姆之歌》描述的则是被保姆的病态思想笼罩的童年:预见了亨利·詹姆斯的《螺丝在拧紧》(*Turn of the Screw*)。《经验》中的《圣周四》(‘Holy Thursday’)是对冰冷的慈善的一份控告,儿童贫困最重要的原因是爱的缺失:

> 他们的太阳从不会发光,
> 他们的田野阴冷而荒凉,

他们的道路遍布荆棘：
那里永远都是冬天。

《天真》中的“扫烟囱的孩子”还可以逃进梦中的天国里；但《经验》中的“扫烟囱的孩子”提醒我们，针对穷困儿童的社会犯罪一如往常。受到压迫的也不只是穷孩子，还有学童，他们被迫进行毫无乐趣的例行学习；“丢失的小男孩”被加尔文教派的道德——即便没有肉体，也要用精神来献祭的道德——所压迫。

《经验》中的人物形象是被束缚的、负重的、倦怠的
43 或死去的。在这种阴暗的背景中，《老虎》这一诗篇是一颗炽热发亮的宝石。在这首伟大的诗歌中，就像在《致得撒》（‘To Tirzah’）（约于一八〇一年加入诗集）中一样，我们再次发现布莱克试图撕开面纱，并揭示恶的意义和秘密。正如在《特尔》中，我们在《致得撒》中发现了一种新柏拉图主义的观点，即“凡人的出生”本身就是最大的恶。在诗歌《老虎》中我们可以找到《赫耳墨斯秘籍》、波墨的神秘主义宗教学，以及炼金术神秘哲学的痕迹。然而，这首诗以一个未回答的问题结束：“是那创造羔羊的，创造了你？”

第四章 “可爱的兰贝斯”

母亲去世后，布莱克很快搬离了波兰街，由此我们 72
可以推测正是由于布莱克对母亲的感情才使得他一直居住在父母家附近。据说布莱克在晚年时很少谈及父母，只回忆过弟弟罗伯特。布莱克和凯瑟琳现在搬到了泰晤士河南岸的兰贝斯赫拉克勒斯楼 13 号。吉尔克里斯特将这所房子描述为一幢简陋的一层楼建筑；但布莱克晚年时的艺术家朋友弗雷德里克·泰瑟姆(1805−1878)回忆说，那是一座“有八或十个房间的漂亮整洁的房子”，属于典型的十八世纪伦敦排屋，屋后有着常见的狭长花园。花园里生长着一棵未经修剪的“蜿蜒的藤蔓”，它形成了一个藤架，根据一个没有被有效否定的传说，布莱克的一个朋友曾在那里撞见布莱克夫妇穿着伊甸园的装束——只多戴了头盔(这个细节来自画家乔治·里士满〔1809-1896〕),全神贯注地大声朗读《失乐园》。

在兰贝斯区度过的七年既是多产的,也是快乐的,除了《弥尔顿》和《耶路撒冷》之外,兰贝斯作品还包括布莱克所有最精美的插图书。在《耶路撒冷》——其大部分内容是在南莫尔顿街写成的——中,诗人回忆了"可爱的兰贝斯"(Lovely Lambeth):

> ……那里耶路撒冷密室里的神秘家具
> 精致美丽。兰贝斯!新娘,羔羊的妻子,爱你。
> 和她在一起,你就是一,并且在至高的快乐中
> 　你忘记了自我。
> 继续吧,满怀希望的建造者,虽然耶路撒冷已
> 　漫游到远方。

此外还有:

> 在兰贝斯有一粒沙子,撒旦没有发现,
> 73 他的魔鬼守卫们也没有发现;它是晶莹剔透

的，有许多棱角，
但谁发现它，谁便能发现奥索恩[①]的宫殿；因
为在内部
敞开进入比尤拉[②]，每一个角都是一个可爱的
天堂。
但要是魔鬼守卫们发现了它，他们会称它为
罪恶。

在布莱克的象征语言中，比尤拉代表了已婚状态。第二段引文暗示兰贝斯不仅充满了幸福的劳作，也充满了幸福的爱情。

虽然在布莱克的一生中，这似乎是一段富有创造力的快乐时光，但兰贝斯作品是他所有作品中最混乱、最阴暗，也是最悲观的。当布莱克用革命暴力的声音说话时，没有他在永恒幻想的明亮光线下写作时那么有说服力。也许他在尝试说服自己，当下的政治暴力

---

① 奥索恩（Oothoon），布莱克的《阿尔比恩女儿们的异象》中的女主角。

② 比尤拉（Beulah），源自希伯来语的一个女性名字，在《以赛亚书》中作为以色列土地的象征而出现，在钦定本圣经中被译作“married”，具体可参见《以赛亚书》62:4。

是走向精神解放的捷径；也有可能是他的诗歌和设计仅仅反映了时代的乌云和雷声："在混乱的迷雾中，被挣扎时代的恐怖所笼罩。"

44-8 一七九三年，布莱克雕版并出版了《天堂之门》，这是一部充满象征形象的小书，总共由十七幅版画组成，每一幅都令人印象深刻。它们的主题是卷首插图上约伯的提问："人是什么？"布莱克的回答体现在他创作的变形之象征中。一个象征着"自然人"的毛毛虫吃掉了我们当地德鲁伊德树（Druid tree），也即橡树的叶子，在另一片叶子上，在蝶蛹里熟睡的婴儿象征着人类"精神身体"的"第二次诞生"，它潜藏在人类动物（human animal）体内。布莱克认为，正是犹太人对人类这个新王国的发现和探索，对其律法的揭示，以及按照"神圣的人性"和"想象"的方式生活，才使他们被赋予了"上帝选民"的称号。"我们以色列人明白，诗灵（正如你们现在所称的）是最重要的，其他的一切都只是衍生出来的，正因为此，我们轻视其他国家的牧师和哲学家，并预言所有的神最终将被证明起源于我们，并且是要向诗灵纳贡。"然而，对于变形之象征表达，布莱克则受惠于希腊人。

44-45 《天堂之门》,1793 年。《水》:“你用泪水浇灌他”;《大地》:“他挣扎着进入生命”

3
Earth
Publishd by W Blake 17 May 1793

16 I have said to the Worm, Thou
art my mother & my sister
Publishd by W Blake 17 May 1793

46 《天堂之门》,1793 年。“我对这条虫子说：你是我的母亲和姐妹”

47-48 《天堂之门》,1793 年。《空气》:“理性忧虑的疑云”;《火》:“在无止境的冲突中结束”

5 Fire

Pubd by W Blake 17 May 1793

米开朗琪罗式的四种形象——大地、空气、火和水——预示了四个天神(Four Zoas),他们神话般的冒险构成了日后创作的预言书的内容。正如 C. G. 荣格指出的那样,“四”这个数绝不是随意的,而是对应灵魂上的四种功能,或是四种能量,即《以西结书》(the Book of Ezekiel)和《启示录》(the Apocalypse of St John)中的“四活物”。对这些圣经里的兽型形象(即呈现动物形
76 象的神),布莱克赋予它们令人难忘的人类属性和特征。在我们的民族神话中,这四天神似乎有可能成为像哈姆雷特和李尔王一样为人熟悉的人物形象。

在《天真与经验之歌》中已经可以辨别出其中一些神话形象。他们之中首要的是灵魂或心灵的形象(用荣格的术语来说,the *anima*)。在诗歌《走失的小女孩》中她与厄琉西斯秘仪里的科莱女神有着明显的密切关系。她再次出现时化身为温和的特尔,不情愿地“下降”到世代的冥府中;在《阿尔比恩女儿们的异象》(1793)一书中她又变成奥索恩,她比特尔英勇,能够“下降”并忍受苦难。在接下来的作品(1795-1804)中她又变作瓦拉,并且在那首最初带有她名字的诗(后来被命名为《四天神》〔*The Four Zoas*〕)中,她重新演绎了

49 《阿尔比恩女儿们的异象》,1793 年。卷首插图：奥索恩和布罗米翁被背靠背地捆绑在一个洞穴中,而塞奥托蒙在独自哀伤

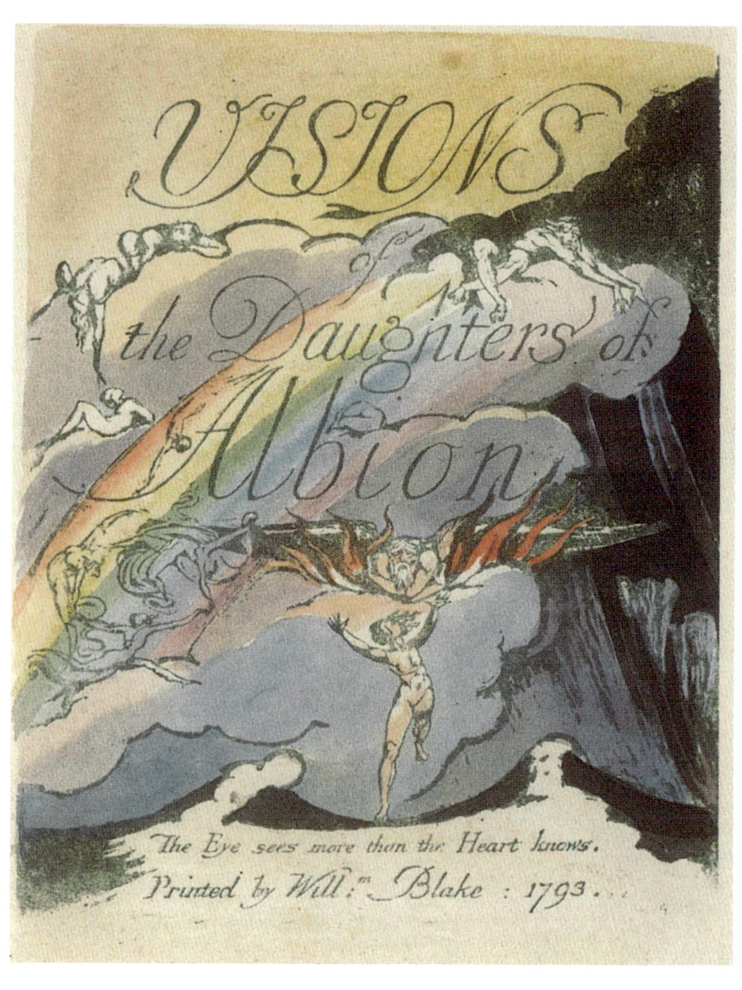
VISIONS
of
the Daughters of
Albion
The Eye sees more than the Heart knows.
Printed by Will:m Blake : 1793.

50 《阿尔比恩女儿们的异象》,1793 年。扉页

阿普列尤斯笔下的丘比特与赛姬的传奇故事。她最后的形象(1804-1820)是耶路撒冷,羔羊的新娘。这一形象在不同的版本中可能得到了深化和发展,但每一个版本的故事本质上都是相同的。灵魂“下降”到这个世界的洞穴或坟墓中,在丽嘉(在诗歌《走失的小女孩》中)那里是心甘情愿的,在特尔那里则是不情愿的。这两首诗歌都有同样的暗示,即灵魂在世代的世界(the World of Generation)中都有需要完成的任务。在诗歌《阿尔比恩女儿们的异象》中我们看到她,作为奥索恩, 49
在痛苦地哀鸣,像德彪西歌剧里的梅丽桑德一样,为世间的律法不是精神的律法而抗议。这首诗是布莱克对这个世界残酷的性道德的控诉。未婚的人陷入伤心的幻想,而对女人来说,当婚姻的纽带是律法而不是爱时,无法分离的婚姻就是欲望的奴隶。毫无疑问,布莱克思考过他的朋友玛丽·沃斯通克拉夫特的观点,以及她保护女性的英勇行为,而这些行为导致她自身的悲剧以及早逝。这首诗包含了一些华丽的诗歌段落,发展了布莱克的一种观念,即每一种生物都是不断变化的生命的独特表达。每一种生物都有其生来就必须遵循的法则,因此“为狮子和公牛制定的一个律法就是压迫”。

在诗歌《阿尔比恩女儿们的异象》的扉页上出现了
50 一个后来被称为尤里森的人物形象：盲眼的暴君，“年
迈的无知者”，以及理性的立法者，他追寻生命的灵魂。
在布莱克为这个世界创造的有着灰白胡子的君王——
这是对天父的滑稽模仿，他所制定的律法强加于生命
的能量之上——的暴政下，奥索恩被他的强奸者用律
法的枷锁所束缚。而她的爱人塞奥托蒙（Theotormon），
因无法看到灵魂就其本质而言是无法腐蚀的（一个普
罗提诺主义的，而不是基督教的教条），便“与可怕的阴
影交谈”。

布莱克对尤里森前进时展开的手臂和巨大胡须的
描绘，如前所述，源自罗马雕塑司风雨者朱庇特。同样
78 的人物形象也出现在一七九一年布莱克为他的朋友菲
21 尤泽利创作的版画中，作为伊拉斯谟·达尔文的《植物
园》里的一幅插图，它代表了尼罗河奔涌前进的河水。
这一形象逐渐发展为——尤其是在《第一部尤里森之
书》（*The First Book of Urizen*，1794）中——布莱克笔下
不幸的、盲眼的、自欺的世界统治者的常见特征：不是
上帝，而是被误导的人类理性。对布莱克、弗拉克斯

曼、菲尤泽利，以及他们圈子里的其他人来说，这是他们共同使用的若干这类视觉素材中的一种。

尤里森这一形象之前已经在《经验之歌》(1789－1794)中出现过，他被缠绕在“宗教之网”中；他是《大地的回答》(“Earth’s Answer”)中“星光闪耀的嫉妒”，是清教主义的“嫉妒的上帝”：

人类自私的父亲！
残忍，嫉妒，自私的恐惧！
被锁在夜里
的欢乐
青春的处女和清晨怎能忍受？

在《天堂和地狱的婚姻》(1790－1793)中，他是被燃烧的孩
子——后来变成象征生命能量精神的“红沃克”(Red 79
Orc)——战胜的“星光闪耀的国王”。这个沃克是爱神，但他也是暴力和革命的象征；因为“当思想在洞穴里被封闭时，爱便会在最深的地狱里显露它的根”。

就像所有古代神话中的诸神一样，四天神的行为、属性和外貌都具有一种原型特性，我们对这种原型特

性的反应，不像是对一件艺术品的反应，而像是对精神现实本身的反应，就好像这些精神现实是独立的存在。我们在四天神身上看到了英国现代工业世界里的众神形象，他们不是布莱克凭借自身的幻想虚构出来的，而是这个民族集体生命的情绪和能量的体现。他们是我们自己。

51-6 在《美国》(*America*, 1793)中，我们发现布莱克天生的神话天赋难以轻松地驾驭一个特殊的政治主题——美国独立战争，在《法国大革命》中也存在着同样的问题。对后代的读者来说没有什么比那些与时事高度相关的典故——它们在当时像日报上的标题一样醒目，但很快就会被遗忘——更能让这些诗歌变得晦涩难懂。当时的人物，华盛顿、富兰克林、潘恩、沃伦、盖茨、汉考克和格林，用吉尔克里斯特的话来说，"显得渺小、遥远和困惑，并且像蚂蚁一样忙碌"；而沃克、"幽暗的女性"和尤里森则进入我们自己的世界里继续过着激烈而动荡的生活。其中几幅版画十分精美。

布莱克的崇拜者分为两类，一类将他看作政治宣传家，认为他很遗憾地未能直接参与他那个时代的问题，转向了难以理解的神秘主义；而对另一类人而言，

51 《美国：一个预言》，1793 年。沃克在能量的火焰中。对布莱克而言，“战争是被束缚的能量”

52 《美国：一个预言》,1793 年。扉页

53 《美国：一个预言》,1793 年。卷首插图

54 《美国：一个预言》，1793 年。沃克被洛斯和埃尼塔蒙（时间和空间）上了镣铐

55 《美国：一个预言》，1793 年。沃克："多毛的双肩扯断了锁链"

56 《美国：一个预言》，约 1794-1796 年。被删除的版画：《瑟拉拉莎之梦》

布莱克是一个神秘的有远见的人,他像希伯来先知一样,洞悉了历史背后的精神原因。根据学者戴维·埃德曼(1911-2001)和雅各布·布罗诺夫斯基(1908-1974)的观点,布莱克先知式的寓言只是一种他被迫采用的伪装,因为在当时法国大革命的时代公开谈论政治问题是有危险的(尤其在他的国家向法国宣战之后)。在其他人看来,布莱克的精神幻想似乎比他的政治主张更清晰。布莱克在任何时候都不像潘恩或威廉·葛德文(1756-1836)那样思考问题,而是像雪莱(他可能在葛德文的家里看过布莱克的一些预言书)一样,他在"天堂",也就是内心世界中看到了战争,在这场战争中,凡人演员只是集体意识的某一出伟大戏剧中的木偶。

对布莱克来说,外部事件和环境是精神状态、意识形
态和心态的**表现**,而不是像现代世界的决定论-唯物主义
意识形态所认为的那样,是它们的起因。布莱克的"黑
暗的撒旦磨坊"——当我们阅读《弥尔顿》(这首诗最充
分地描写了这些磨坊)时经常让人联想到社会变革—— 82
原来是培根、牛顿和洛克的机械"法则",工业景象则是
这种法则的反映和表现。人类按照意识形态的想象制造

了机器。因此,布莱克总是试图发现人类社会和个人弊病的根源。只有改变这个民族的心智和思想,才能创造出一个新社会和新城市,比那些无神论者和机械的理性主义者所创造的更美丽。

为了某些更根本的东西,布莱克逐渐放弃了政治:从信仰和仪式体系的意义上来说不是宗教,而是一种内心生活的转变,一个"真正的人"的重生。对他来说,政治和宗教似乎都是对"一件必要之事"的逃避。

这并不是说布莱克的"预言"诗歌不再与当前的历史相关,不如说他是从内部去看历史,即继承了以色列先知的做法,他从精神原因层面,而不是从日常政策层面,向英语民族发表演说。"每一个自然的影响都有一个精神上的而不是自然上的原因;只是看似自然的原因。"

83 《美国》之后一年,布莱克的《欧洲:一个预言》于
57-60 一七九四年出版。它总共有十七页,四开本,其中包含布
61 莱克创作过的最美丽的作品。它的卷首插图《远古》
(*The Ancient of Days*)曾作为单独的版画出版,它与这首诗歌的主题几乎没有什么关联,该诗描绘了"红沃克"在法国"葡萄园"里践踏愤怒的葡萄的暴烈行为。版画《敲钟人》(*The Bellman*),《黑死病》(*The Plague*),以及《战

8
Enitharmon slept,
Eighteen hundred years: Man was a Dream!
The night of Nature and their harps unstrung:
She slept in middle of her nightly song,
Eighteen hundred years, a female dream!
Shadows of men in fleeting bands upon the winds:
Divide the heavens of Europe;
Till Albions Angel smitten with his own plagues fled with his bands
The cloud bears hard on Albions shore:
Fill'd with immortal demons of futurity:
In council gather the smitten Angels of Albion
The cloud bears hard upon the council house; down rushing
On the heads of Albions Angels.
One hour they lay buried beneath the ruins of that hall;
But as the stars rise from the salt lake they arise in pain,
In troubled mists oerclouded by the terrors of strugling times.

57 《欧洲：一个预言》,1794 年。《霉菌使玉米穗枯萎》

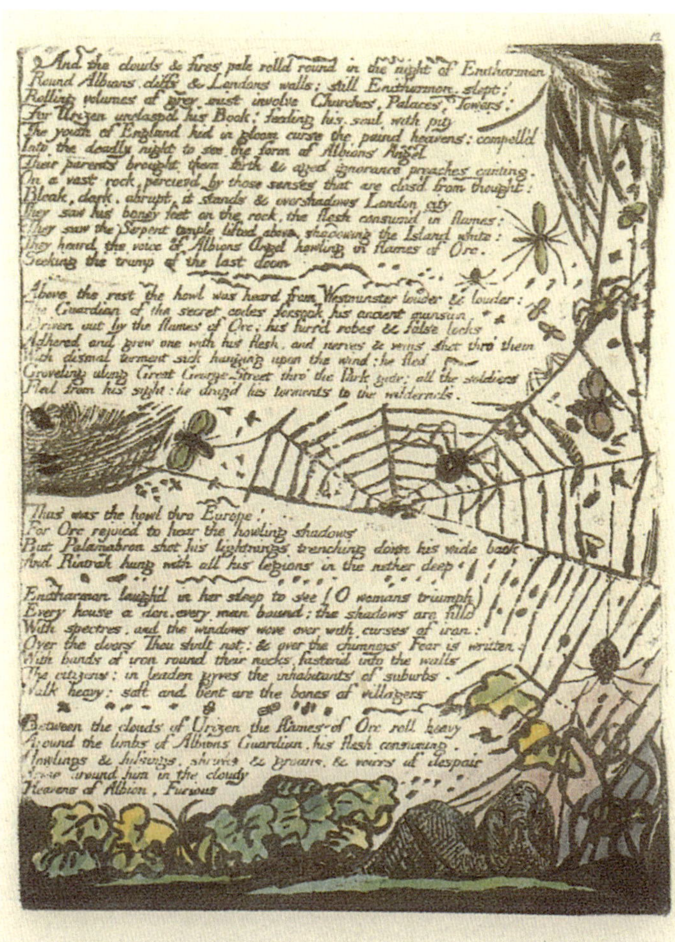

And the clouds & fires pale rolld round in the night of Enitharmon
Round Albions cliffs & Londons walls; still Enitharmon slept:
Rolling volumes of grey mist involve Churches, Palaces, Towers:
For Urizen unclaspd his Book: feeding his soul with pity
The youth of England hid in gloom curse the paind heavens; compell'd
Into the deadly night to see the form of Albions Angel
Their parents brought them forth & aged ignorance preaches canting,
On a vast rock, perceivd by those senses that are clos'd from thought:
Bleak, dark, abrupt, it stands & overshadows London city
They saw his boney feet on the rock, the flesh consumd in flames:
They saw the Serpent temple lifted above, shadowing the Island white:
They heard the voice of Albions Angel howling in flames of Orc,
Seeking the trump of the last doom

Above the rest the howl was heard from Westminster louder & louder:
The Guardian of the secret codes forsook his ancient mansion,
Driven out by the flames of Orc; his furr'd robes & false locks
Adhered and grew one with his flesh, and nerves & veins shot thro' them
With dismal torment sick hanging upon the wind: he fled
Groveling along Great George Street thro' the Park gate; all the soldiers
Fled from his sight: he dragd his torments to the wilderness.

Thus was the howl thro Europe!
For Orc rejoic'd to hear the howling shadows
But Palamabron shot his lightnings trenching down his wide back
And Rintrah hung with all his legions in the nether deep

Enitharmon laughd in her sleep to see (O womans triumph)
Every house a den, every man bound; the shadows are filld
With spectres, and the windows wove over with curses of iron:
Over the doors Thou shalt not; & over the chimneys Fear is written:
With bands of iron round their necks fastend into the walls
The citizens: in leaden gyves the inhabitants of suburbs
Walk heavy: soft and bent are the bones of villagers

Between the clouds of Urizen the flames of Orc roll heavy
Around the limbs of Albions Guardian, his flesh consuming.
Howlings & hissings, shrieks & groans, & voices of despair
Arise around him in the cloudy
Heavens of Albion, Furious

58 《欧洲：一个预言》，1794 年。版画 14："而云和火……"

Now comes the night of Enitharmons joy.
Who shall I call? Who shall I send?
That Woman, lovely Woman! may have dominion?
Arise O Rintrah thee I call! & Palamabron thee!
Go! tell the human race that Womans love is Sin:
That an Eternal life awaits the worms of sixty winters
In an allegorical abode where existance hath never came:
Forbid all Joy, & from her childhood shall the little female
Spread nets in every secret path.
My weary eyelids draw towards the evening, my bliss is yet but new.
Arise

59 《欧洲：一个预言》，1794 年。版画 7：“现在夜晚来临……”

60 《欧洲：一个预言》，1794 年。版画 12："阿尔比恩的天使升起……"

61 《远古》，1794 年。《欧洲：一个预言》的卷首插图：
“他在渊面的周围，划出圆圈”（《圣经·箴言》8:27）

争》(*War*)和《饥荒》(*Famine*)都更具有时事性,更加能阐明战争的恐怖。布莱克对自由自在的生命能量的最华美的描绘属于更富有装饰性的设计:两个“精神身体或天使”,或许是精灵,吹着花朵样的喇叭,快速地穿过一个有着草叶和大麦穗的微小世界。拥有巨蛇般能量、往前延伸靠近诗行的卷须装饰远比不上那些相伴一旁的设计。

62-6 同样于一七九四年出版的《第一部尤里森之书》的标题(从未有过“第二部”尤里森之书)——根据《列王记》和《撒母耳记》等其他著作的“第一部”[上]和“第二部”[下]的类推——暗示它属于布莱克的“地狱圣经”,
85 并预示了《天堂和地狱的婚姻》中的世界。在这部有关宇宙论的图画书中,布莱克放弃了政治,转而去描述和描绘他的暴君恶魔尤里森。其中那些最具影响力的版画是没有文字的:正如吉尔克里斯特所说,“这部书像是从他的作品集和版画书中精心挑选出来的集合”。正是在这部作品上,布莱克首次使用了胶水和颜料的混合物作为彩色印刷材料。这首诗本身就是对弥尔顿的创世叙述的阴郁讽刺,在布莱克看来,创世的七天代表了对“洞穴人”监禁和“束缚”的七个阶段,在此期间他被限制在一

62 《第一部尤里森之书》，1794 年。不朽者落进唯物论哲学家培根、牛顿和洛克创造的时空深渊

63 《第一部尤里森之书》,1794 年。版画 21

64　《第一部尤里森之书》，1794 年。版画 18

65 《第一部尤里森之书》,1794 年。版画 16

66 《第一部尤里森之书》,1794 年。尤里森在唯物论的水中挣扎

个只能通过五官来体验的世界中。因此,受限的尤里森变成了自欺和焦虑的造物主,致力于“巨大的劳动”,把“五种感官的体系”强加于他还不了解其本质的反叛的生命。在布莱克看来,这就是“人类的理性”,启蒙运动的,在法国则是卢梭和伏尔泰的伪上帝。

布莱克对受到限制的、扭曲的生命形式进行了可怕而有力的描绘,他们在尤里森的“自然法则”,以及以自然的而不是心灵的法则为基础的道德暴政下忍受着痛苦。生命的精神从意识领域——每个灵魂自身的位置——被拉了下来,进入令人眩晕的时间和空间的深渊,即牛顿的“灵魂颤抖的真空”,或者说是生命的“外部的存在”。在这个暴政的领域里,沃克——燃烧的婴儿诞生了,生命的精神注定无处不在并永远反抗理性主义的系统。

在创作《洛斯之歌》(*The Song of Los*)、《阿哈尼亚之书》(*The Book of Ahania*),以及《洛斯之书》(*The Book of Los*)(它们都可追溯到一七九五年)时,布莱克似乎挖空了“地狱圣经”的矿脉。在这些后来创作的作品中,他万神殿中的其他人物形象浮现了出来:洛斯,是时间和预言的精神,而他的配偶埃尼塔蒙(Enitharmon),既是空间，同时又是艺术家的想象在其中得以体现的那些形式的母亲。这些人物在《欧洲》(1794)中得到命名(尽管几乎没有形象化，也没有得到描述)。在《第一部尤里森之书》中，洛斯是尤里森“结合”的不情愿的行动者，而当尤里森从人类的整体性中分离的时候洛斯自身也“分裂”了。同样地，由于人类的分裂，洛斯也与埃尼塔蒙分开了，他靠她生下了沃克，这个孩子(就像在古希腊的万神殿中，后来的每一代神都会推翻之前的统治者)注定要战胜尤里森。

在《四天神》(1795-1804)、《弥尔顿》(1804-1808) 89
以及《耶路撒冷》(1804-1820)中，洛斯和埃尼塔蒙两个人物形象得到了更充分的体现，而随着布莱克革命信念的逐渐丧失，沃克这个革命的精神形象开始退居幕后。尤里森仍然保留了可敬的“年迈的无知者”的特征，成为《弥尔顿》中的撒旦。他最后一次是作为可怕的、恶魔般的虚假的上帝形象而出现，而在《约伯记插图》中他假装自己是至高无上的上帝，以此来折磨约伯。在布莱克的作品中，真正的世界统治者自始至终都是“想象之耶稣”，是“内在的上帝”，《耶路撒冷》的最后一幅版画赞美了他与灵魂的神秘婚姻。

Vala incircle round the furnaces where Luvah was clos'd
In joy she heard his howlings, & forgot he was her Luvah
With whom she walk'd in bliss, in times of innocence & youth

Hear ye the voice of Luvah from the furnaces of Urizen

If I indeed am Valas King & ye O sons of Men
The workmanship of Luvahs hands; in times of Everlasting
When I calld forth the Earth-worm from the cold & dark obscure
I nurtured her I fed her with my rains & dews, she grew
A scaled Serpent, yet I fed her tho' she hated me
Day after day she fed upon the mountains in Luvahs sight
I brought her thro' the Wilderness, a dry & thirsty land
And I commanded springs to rise for her in the black desart
Till she became a Dragon winged bright & poisonous
I opend all the floodgates of the heavens to quench her thirst
And

67　《瓦拉》手稿中的页面，1797 年

《瓦拉》(*Vala*)中的大部分手稿(后来叫作《四天 67
神》)大概是在兰贝斯完成的。这首诗歌是一个重写本,
诗歌中的添加、插入和删除的内容都是围绕一首早期的,
有可能始于一七九一年的诗歌《瓦拉》来完成的。《四天
神》相对而言的成稿代表了一个新的开始,它结合了布
莱克早期手稿的部分内容,这本身就代表了不止一次的 90
尝试。作品中有几处醒目的铅笔绘画痕迹——其中一些看起来相当"奇怪",以至于泰瑟姆(布莱克夫人将布莱克的作品集赠送给他)曾试图擦掉它们;但这首诗歌从来没有被雕刻成版画,也没有被加入任何一本插图书中。

这部手稿的兴趣主要表现在文学方面。《第九个夜晚》('Night the Ninth')中的一段优美的段落——其风格令人想起《特尔之书》(1789)——按照布莱克自己的神谱复述了丘比特与赛姬的故事,其中瓦拉是灵魂人物,卢瓦(Luvah;沃克的"不朽"形式)是厄洛斯。这首诗包含了一些壮丽的诗篇,以大地之母恩尼翁(Enion)讲述的段落开头的"经验的代价是什么?"(《第二个夜晚》第397行),以及她在第七个夜晚结束时关于复活"永恒的人类"的讲话,都是布莱克日后的作品所无法超越的。

68 《先知以西结的妻子之死》,约 1785 年

在这部诗歌中，四天神以及他们的流溢者[①]，布莱克内心宇宙中的众神，呈现出他们最终的形态。尤里森和沃克保留原样，但是从“死亡的沉睡”中苏醒过来的灵魂的活跃代表者现在是诗灵（洛斯）和他的“流溢者”埃尼塔蒙，正是她赋予“诗灵”的想象以形式。两个新的人物形象——恩尼翁和萨尔玛斯（Tharmas）——通过引入身体的可变形态和无形能量，使心灵的“四重”模式变得完整。

布莱克对这些神话人物的行为和特性的诗意描述本身就是形象化的，我们似乎知道他们的外貌、行为，甚至声音，正如他们存在于布莱克生动的视觉化想象（visualizations）中一样。

在兰贝斯度过的这七年，除了插图书，布莱克还创造了许多设计作品。他曾在皇家学院于一七八五年举办的

① 流溢者，译自 Emanation，这个词源于拉丁语 emanat（流出），原指一切受造物都源于上帝（是上帝的流出物、发散物），宇宙整体或宇宙中的精神存在源于上帝的本质。但在布莱克那里，这个词有不同的、更复杂的含义，简单说是原本雌雄同体的男人的女性部分或对应物，在特定的情况下会分裂出去，乃至形成有独立意志的女性。这个词带有显而易见的普罗提诺主义的特征，故中文暂且译作“流溢者”。

展览上展出了四幅水彩画：一幅是取材自托马斯·格雷的诗歌《吟游诗人》，其他三幅取材自约瑟的故事。一七九三年，一份蚀刻的简章广告称，将"在布莱克先生的兰贝斯赫拉克勒斯楼 13 号"出售作品，除了插图书和《天堂之门》外，还有《约伯，一个历史雕版》（'Job, a Historical Engraving'）、《爱德华和埃莉诺，一个历史雕版》（'Edward and Elinor, a Historical Engraving'），以及《英国历史，一本雕版小书》（'The History of England, a small book of Engravings'）。布莱克的第一篇以《约伯记》为主题的散文解释了激发他创作出《天堂之门》的文本："人类是什么，你应该时时刻刻考验他。"在另一幅同
68 样杰出的印刷作品——关于以西结的妻子之死："夺走你眼中的热望"——中，布莱克采用了那种横卧着的冰冷的人物形象之一，这使人联想起王室陵墓；旁边另一个哀痛的人物形象，弓着背，头发下垂，展现出一个布莱克创造的特有姿势。

91 在一七九五年布莱克用一种新技术创造了一系列设
69-77 计，这是在有可能是前一年完成的《尤里森》的某些副本中发现的实验结果。劳伦斯·宾雍（1869–1943）对布莱克使用的这一方法作了如下描述："用胶画颜料（不是油

画颜料）在厚纸板上粗略迅速地描绘好设计图案，在图案还是湿的时候，将它印到纸上。然后手工为这个印在纸上的模糊不清的基础作品涂上颜料。当需要再印一张的时候，可以重新恢复厚纸板上的设计图案。”根据安东尼·布伦特的观点，这种材料有可能是蛋彩画颜料，而印刷分为两个阶段，首先是用黑色颜料描绘出轮廓，然后再上色。这一效果比那些插图图书的效果更深、更丰富，并且图画的纹理是带斑点的。

这一系列中的第一幅作品是《上帝创造亚当》 69
（*Elohim [God] creating Adam*）。亚当，即“凡人的蠕虫”
或自然人的创造者，就是布莱克笔下的造物主尤里森；
“正如我所认为的，这个世界的创造者是一个非常残酷
的存在，而作为一个基督的崇拜者，我忍不住要说：‘这
儿子啊，和他的父亲多么不一样！一开始，全能的上帝来
了，给了头部一记重击，然后，耶稣基督来了，拿着治头的
止痛膏药’”。这一系列中的其他作品有《撒旦因夏娃而 96
狂喜》（*Satan exulting over Eve*），《牛顿》（*Newton*），《尼布 74,70
甲尼撒》（*Nebuchadnezzar*），《死亡之屋》（*The House of* 71,73
Death），《赫卡特》（*Hecate*），取材自《麦克白》的《怜悯》 75
（*Pity*），《拉麦和他的两个妻子》（*Lamech and his two Wives*），

以及《亚伯和路得之死》(*The Death of Abel and Ruth*)。
76 现在看来，长久以来名叫《火战车里的以利亚》(*Elijah in the Chariot of Fire*)的画作有可能是失传的《上帝审判亚当》(*God judging Adam*)。

77 这个系列的最后一幅作品《善恶天使》(*Good and Evil Angels*)与《尼布甲尼撒》一样，是从最先出现于《天
78 堂和地狱的婚姻》中的设计发展而来的。这些形象有可能阐明了布莱克从他钦佩的精神大师雅各布·波墨那里得来的一个观念，波墨将那个划分了天堂和地狱法则的无法逾越的障碍描述为一个“盲区”，这阻止了魔鬼看到天堂的景象，也阻止了天使看到地狱的情景。尽管他们双方的世界应该占据着同一片领域，但他们仍处于无法相见的生存状态之中。“每一个灵魂都具有他自己所居住的世界的特征。每一个世界都起源于从视野和观察上将一个世界与另一个世界划分开来的界限。”

70 《牛顿》这幅作品展现了这位伟大科学家的“精神状态”，他全神贯注于数学计算中，双目注视着他在“时间和空间之海”底绘制的图形，他自身正是被限制在这
97 个时空的法则中。此外，尤里森这个人物形象也得到

69 《上帝创造亚当》,1795 -约 1805 年

70 《牛顿》,1795 –约 1805 年

71 《尼布甲尼撒》,1795 年

72 《埃尼塔蒙的欢乐之夜》，约 1795 年

73 《死亡之屋》,1795 -约 1805 年

74 《撒旦因夏娃而狂喜》,约 1795 年

75　《怜悯》，约 1795 年

76　《上帝审判亚当》，约 1795 年，旧称《火战车里的以利亚》

77 《善恶天使》,1795 -约 1805 年

了类似的描绘(在《第一部尤里森之书》中的一幅版画里),他全神贯注于黑暗而稠密的水介质,这是关于物质世界的神秘难测的古老象征。布莱克总是在这种意义上使用水和海洋:正如诺亚的"五种感官的洪水",它的泛滥淹没了大洪水以前的世界,只有六个人在方舟中幸存了下来,他们拥有在黄金时代属于全人类的精神才能。(由于这个看似拐弯抹角的原因,在布莱克的神话中,诺亚和他的儿子们主管艺术;"诗歌、绘画和音乐"是人类"与天堂对话的三种方式"。)

这一系列华丽的水彩画标志着布莱克在视觉艺术方面作为一个大师的全面展露,并且似乎为了强调这种独立性,他还使用了兰贝斯作品中的一些没有文字的金属图版制作了一系列印刷品,即将色彩运用到金属图版上,以便取得用厚纸板作画所得到的同样的斑点效果。

在一封多年之后,约于一八一八年写的书信中,布莱克大概提及了这些设计,当时他谈到"一部这类不同图书的选集可以印出来,只是没有文字,尽管这样会失去一些最美好的东西。因为当它们被完美印刷出来时,会伴有一些诗意的象征和表现,如果没有这些,诗歌可能永远无法创作出来"。

4

The voice of the
Devil

All Bibles or sacred codes. have been
the causes of the following Errors.
1. That Man has two real existing princi-
-ples Viz: a Body & a Soul.
2. That Energy. calld Evil. is alone from the
Body. & that Reason. calld Good. is alone from
the Soul.
3. That God will torment Man in Eternity
for following his Energies.
But the following Contraries to these are True
1 Man has no Body distinct from his Soul
for that calld Body is a portion of Soul discernd
by the five Senses. the chief inlets of Soul in this
age.
2. Energy is the only life and is from the Body
and Reason is the bound or outward circumference
of Energy.
3 Energy is Eternal Delight

78　为《天堂和地狱的婚姻》所作的设计，约 1794 年

79 《为英国人讲道的亚利马太的约瑟》，约 1794-1796 年。布莱克对英国历史的兴趣延伸到了史前传说。据说亚利马太的约瑟将基督教带到了英国，有人说，耶稣本人是他的同伴。这个传说可以给这些文字以可信度："那些足迹在古代 / 可曾踏上英国绿色的山峦？"

268 Of *Occult Philoſophy*. Book II.

But if the hands be thus elevated, and the feet and Thighes extended in this manner, by the which a man is made ſhorter by the fourteenth part of his upright ſtature, then the diſtance of his feet having reference to the lower belly, they will make an equilatecall Triangle; and the center being placed in his navile, a circle being brought about, will touch the ends of the fingers and toes.

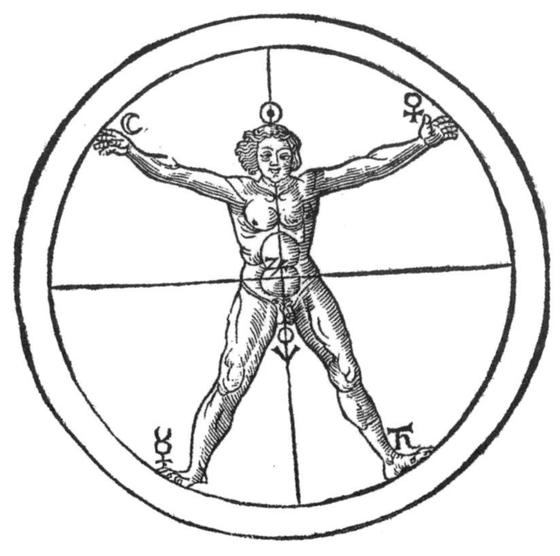

80　维特鲁威人(Vitruvian man),出自海因里希·科尔内留斯·阿格里帕的《神秘哲学》,1651 年

81　一幅为《快乐的一天》而作的绘画，有可能参照了斯卡莫齐的比例图表

82 《快乐的一天》(《阿尔比恩之舞》),1794-1796 年

布莱克的《关于设计的小书》(*Small Book of Designs*, 1796)有可能是为微型画画家奥扎厄斯·汉弗莱(1742-1810)所作。而他的《关于设计的大书》(*Large Book of Designs*,约1796)包含了一些他早期作品中的彩色画作,如《亚利马太的约瑟》(*Joseph of Arimathea*)和《快乐的一天》(*Glad Day*,约1794),第二
79 幅画作扩展自一块一七八〇年制作的雕版——它是第
82 一幅展现快乐能量和优雅形式的具有独特的布莱克创
作特征的作品。莫娜·威尔逊在她关于布莱克的《一
生》(*Life*, 1927)中暗示这个有着优美的手腕和金色头
发的人物形象是一幅自画像。安东尼·布伦特认为布
莱克创造的这一人物姿势参照了文森索·斯卡莫齐
81 (1548-1616)的比例图表,这个图表布莱克在学生时期
使用过。在海因里希·科尔内留斯·阿格里帕的《神
80 秘哲学》(*Occult Philosophy*, 1651)中也有一些用正方
形和圆圈来绘制人类身体比例图解的类似人物形象,这本书布莱克肯定读过。文艺复兴时期关于微观世界和宏观世界关系的观念会吸引布莱克这种有着相同观念的思想家,并在他自己对“巨人阿尔比恩”和“永恒的人”的描写和描绘中得以重现。

第五章　夜　思

从性格上看，布莱克是一位必定会遵循自身癖好 102
的艺术家。但他总是勤勉地接受任何交给他的工作。
书商爱德华兹委托布莱克完成一项工作，请他为当时
流行的爱德华·扬的诗歌《夜思》（*Night Thoughts*， 94-6
1742–1745）创作和雕刻一些设计图案，来装饰通过活版印刷出来的页面四周，这个主意看起来很不错，布莱克无法拒绝。从一封同时代人的书信中可以窥见布莱克作为商人的特点："这首诗歌大约有九百页。布莱克索要一百基尼作为他全部工作的酬劳。但爱德华兹说他无法承担超过二十基尼的费用，布莱克最后同意了。"因此，为了这二十基尼的酬劳，布莱克创造了五百三十七个设计图案，并雕刻了其中的五十三个。这些

是为一七九七年秋季出版的这个版本的第一部分作的设计。

有可能是菲尤泽利向爱德华兹推荐布莱克的，因为正是他在这本书的“宣传”中，用最崇高的字眼赞扬了布莱克：“对那些有辨别能力的眼睛来说，无须指出这一点；只要对艺术的品味还继续存在，这位艺术家的原始构思和大胆而精湛的技艺就不可能被忽视或得不到赞赏。”

但这个项目是一个灾难性的失败，完成第一卷之后就被放弃，并且也没有卖出去。那些原始的彩色设计如今保存在大英博物馆。事实上，这本书是布莱克最不讨喜的作品之一。那些繁重的设计图案看起来太大了，环绕着一片别扭的排版区域。这部作品完全没有布莱克自己的插图书的精美，在那些插图书里，有昆虫图案和在诗行之间可爱地蜿蜒的卷须。他的同行们现在开始谈论他的“奢侈风格”和“古怪设计”，还附有一些常见的庸俗观点（这些话引自肖像画家约翰·霍普纳〔1758-1810〕）：“没有什么比创作这类东西更容
105 易的了。它们就像一个醉汉或疯子的狂想。”至少布莱克为《夜思》的校样找到了好去处，即将它们用于他自
83 己的《九夜之梦》（‘Dream of Nine Nights’）：《瓦拉》，

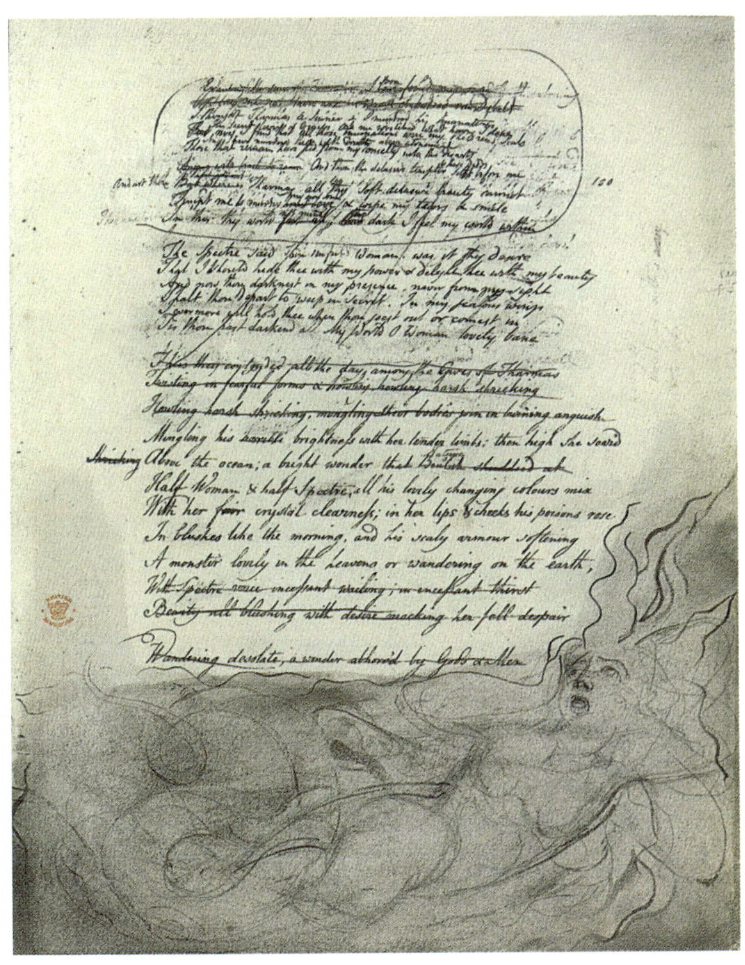

83-84 《瓦拉》手稿中的页面，1797 年

Οτι ουκ εστιν ημιν η παλη προς αιμα και σαρκα, αλλα προς τας αρχας, προς τας εξουσιας, προς τους κοσμοκρατορας του σκοτους του αιωνος τουτου, προς τα πνευματικα της πονηριας εν τοις επουρανιοις.
Εφεσ: 6 Κεφ. 12
2
VALA
Night the First
1 The Song of the Aged Mother which shook the heavens with wrath
2 Hearing the march of long resounding strong heroic Verse
3 Marshalld in order for the day of Intellectual Battle
6 The heavens quake: the earth was moved & shudderd & the mountains
7 With all their woods, the streams & valleys: waild in dismal fear
4 Four Mighty Ones are in every Man; a Perfect Unity
Cannot Exist. but from the Universal Brotherhood of Eden
The Universal Man. To Whom be Glory Evermore Amen
John XVII c. 21 v.
John I c. 14 v. και εσκηνωσεν εν ημιν
Los was the fourth immortal starry one, & in the Earth
Of a bright Universe, Empery attended day & night
Days & nights of revolving joy, Urthona was his name
In

What Sovereign Architect said Tharmas dare my will controll
For if I will I urge these waters. If I will they sleep
In peace beneath my awful frown my will shall be my Law
So saying in a Wave he rap'd bright Enitharmon far
Apart from Los. but coverd her with softest brooding care
On a broad wave in the warm west. balming her bleeding wound
O how Los howld at the rending asunder all the fibres rent
Where Enitharmon joind to his left side in griding pain
He falling on the rocks bellowd his Dolor. till the blood
Stanch'd, then in ululation waild his woes upon the wind
And Tharmas calld to the Dark Spectre who upon the Shores
With dislocated Limbs had falln. The Spectre rose in pain
A Shadow blue obscure & dismal. like a statue of lead
Bent by its fall from a high tower the dolorous shadow rose
Go forth said Tharmas works of joy are thine obey & live
So shall the spungy marrow issuing from thy splinterd bones
Bonify. & thou shalt have rest when this thy labour is done
Go forth bear Enitharmon back to the Eternal Prophet
Build her a bower in the midst of all my dashing waves
Make first a resting place for Los & Enitharmon. then
Thou shalt have rest. If thou refusest dashd abroad on all
My waves. thy limbs shall separate in stench & rotting & thou
Become a prey to all my demons of despair & hope
The Spectre of Urthona seeing Enitharmon writhd
His cloudy form in jealous fear & muttering thunders hoarse
And casting round thick glooms. thus utterd his fierce pangs of heart
Tharmas I know thee. how are we alterd our beauty decayd
But still I know thee tho in this horrible ruin whelmd
Thou once the mildest son of heaven art now become a Rage
A terror to all living things. think not that I am ignorant
That thou art risen from the dead or that my power forgot

85，86，87 《四天神》或者说《瓦拉》中的页面，1797 年

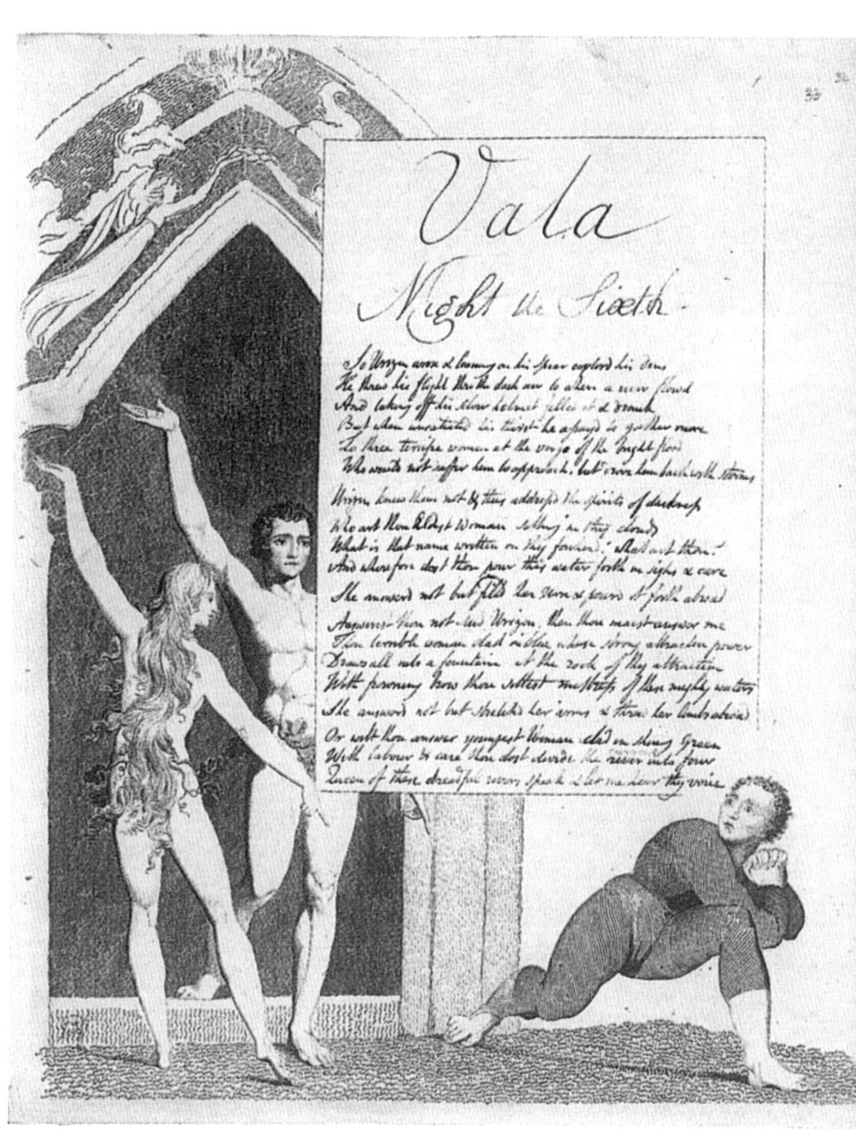

Vala

Night the Sixth

So Urizen arose & leaning on his Spear explord his dens
He threw his flight thro the dark air to where a river flowd
And taking off his silver helmet filled it & drank
But when unsatiated his thirst he assayd to gather more
Lo three terrific women at the verge of the bright flood
Who would not suffer him to approach. but drove him back with storms

Urizen knew them not & thus addressd the spirits of darkness
Who art thou Eldest Woman sitting in thy clouds
What is that name written on thy forehead? what art thou?
And wherefore dost thou pour this water forth in sighs & care
She answerd not but filld her urn & pourd it forth abroad

Answerest thou not said Urizen. then thou maist answer me
Thou terrible woman clad in blue, whose strong attractive power
Draws all into a fountain at the rock of thy attraction
With frowning brow thou sittest mistress of these mighty waters
She answerd not but stretchd her arms & threw her limbs abroad

Or wilt thou answer youngest Woman clad in shining green
With labour & care thou dost divide the current into four
Queen of these dreadful rivers speak & let me hear thy voice

Of all his wandering Experiments in the horrible Abyss
He knew that weakness stretches out in breadth & length he knew
That wisdom reaches high & deep & therefore he made Orc
In Serpent form compelld stretch out & up the mysterious tree
He sufferd him to climb that he might draw all human forms
Into submission to his will nor knew the dread result

Los sat in showers of Urizen watching cold Enitharmon
His broodings rush down to his feet producing Eggs that hatching
Burst forth upon the winds above the tree of Mystery
Enitharmon lay on his knees. Urizen tracd his Verses
In the dark deep the dark tree grew. her shadow was drawn down
Down to the roots it wept over Orc. the Shadow of Enitharmon

Los saw her stretchd the image of death upon his witherd valleys
Her Shadow went forth & returnd Now she was pale as Snow
When the mountains & hills are coverd over & the paths of Men shut up
But when her spirit returnd as ruddy as a morning when
The ripe fruit blushes into joy in heavens eternal halls
~~[illegible]~~
~~[illegible]~~
Sorrow shot thro him from his feet it shot up to his head
Like a cold night that nips the roots & shatters off the leaves
Silent he stood oer Enitharmon watching her pale face
He spoke not he was Silent till he felt the cold disease
Then Los mournd on the dismal wind in his jealous lamentation

Why can I not Enjoy thy beauty Lovely Enitharmon
When I return from clouds of Grief in the wandring Elements
Where thou in thrilling joy in beaming summer loveliness
Delectable reposest ruddy in my absence flaming with beauty
Cold pale in sorrow at my approach trembling at my terrific
Forehead & eyes thy lips decay like roses in early spring
How art thou Shrunk thy grapes that burst in summers vast Excess
Shut up in little purple covering faintly bud & die
Thy olive trees that pourd down oil upon a thousand hills
Sickly look forth & scarcely stretch their branches to the plain
Thy roses that expanded in the face of glowing morn

84 或《四天神》的手稿。

布莱克注定要受雇为一些诗歌的插图画家，尽管这些诗歌远远不如他自己创作的：罗伯特·布莱尔的《墓穴》，威廉·海利的《小水手汤姆》(*Little Tom the Sailor*)。在这些畅销书中爱德华·扬的诗歌是最好的，它的读者们早已去了那些他们的忧郁乐于沉思的坟墓。对于布莱克和新柏拉图主义者来说，宇宙的唯一坟墓就是这个世界，唯一的死亡就是其愚昧的居民精神上的死亡。他是最后一位捕捉到迷恋死亡的“哥特式”趣味的**战栗**和忧郁的艺术家。人们不禁要问，这位《夜思》的作者会如何看待布莱克的《九夜之梦》呢？

88-93 另一系列为格雷的诗歌创作的插图出自兰贝斯时期，是一份出于爱的劳动成果，也是布莱克“消遣”的一个例子。布莱克应该喜爱格雷的作品，这是很自然的事情，他喜欢格雷的原因和奥古斯都派趣味的权威约翰生博士不喜欢他的原因是一样的。因为在格雷那里率先出现了一种“灵感”的新声音，终结了浪漫主义运动之前的那些顺利而自满的诗人学派。

正是格雷在他的诗歌《诗歌的进步》(‘Progress of Poesy’)中呼吁将莎士比亚作为至高的创造者：

这些形体，在缪斯女神的光芒中闪闪发光
有着东方的色调，不借助太阳……

诗歌的风格还属于奥古斯都派文学优美典雅的传统风格，但内容是全新的。“只有一件事才能造就诗人，”布莱克写道，“那就是灵感，非凡的想象力。”格雷对古代英国、威尔士和爱尔兰的兴趣既与布莱克在英国史方面的兴趣协调一致，又符合他热情的神话折衷主义。也许布莱克也同样正确地认识到格雷的拟人化手法超
越了传统。不管怎样，布莱克的泰晤士河——伊顿学 91
童的守护者，或是他为格雷的《吟游诗人》所作的华丽 92
插图：

听，每一棵巨大的橡树，和荒凉的洞穴，是
如何
对着下方激流的可怕声音叹息……

至少表明了他可以为那些能激发他想象力的诗歌创作 93
插图。他为格雷的《爱猫之死的颂歌》（‘Ode on the 89
Death of a Favourite Cat’）所作的插图中的猫和金鱼 90

A PINDARIC ODE. 87

'Hark, how each giant-oak, and deſert-cave,
'Sigh to the torrent's awful voice beneath!
'O'er thee, oh King! their hundred arms
'they wave,
'Revenge on thee in hoarſer murmurs breathe;
'Vocal no more, ſince Cambria's fatal day,
'To high-born Hoel's harp, or ſoft Llewel-
'lyn's lay.

I. 3.

'Cold is Cadwallo's tongue,
'That huſh'd the ſtormy main:
'Brave Urien ſleeps upon his craggy bed:
'Mountains, ye mourn in vain
'Modred, whoſe magic ſong
'Made huge Plinlimmon bow his cloud-top'd
'head.

G 4 'On

88　为格雷《诗集》中的《吟游诗人：一首品达式的颂歌》所作的插图，1797–1798 年

O D E

ON THE DEATH OF A

FAVOURITE CAT.

Drowned in a Tub of Gold Fiſhes.

'TWAS on a lofty vaſe's ſide,
Where China's gayeſt art had dy'd
The azure flowers, that blow;
Demureſt of the tabby kind,
The penſive Selima reclin'd,
Gaz'd on the lake below.

Her conſcious tail her joy declar'd;
The fair round face, the ſnowy beard,
The velvet of her paws;

D 4 Her

89,90　为格雷的《爱猫之死的颂歌》所作的插图，1797-1798 年

O D E
ON THE DEATH OF A
FAVOURITE CAT.
Drowned in a Tub of Gold Fishes.
D3

91-93　为格雷的《伊顿公学远景》所作的插图，1797-1798 年

OF ETON COLLEGE. 57
The captive linnet, which enthral?
What idle progeny ſucceed
To chaſe the rolling circle's ſpeed,
Or urge the flying ball?
While ſome on earneſt buſineſs bent
Their murm'ring labours ply
'Gainſt graver hours, that bring conſtraint
To ſweeten liberty:
Some bold adventurers diſdain
The limits of their little reign,
And unknown regions dare deſcry:
Still as they run they look behind,
They hear a voice in every wind,
And ſnatch a fearful joy.
Gay hope is theirs by fancy fed,
Leſs pleaſing when poſſeſt;
The tear forgot as ſoon as ſhed,
The ſunſhine of the breaſt:
Theirs

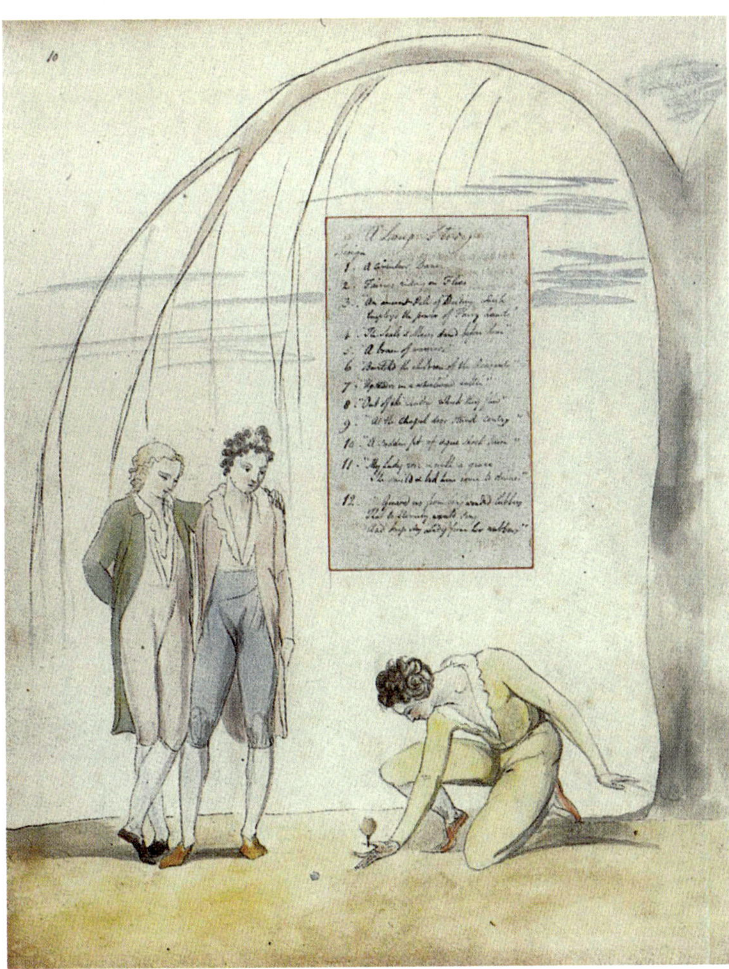

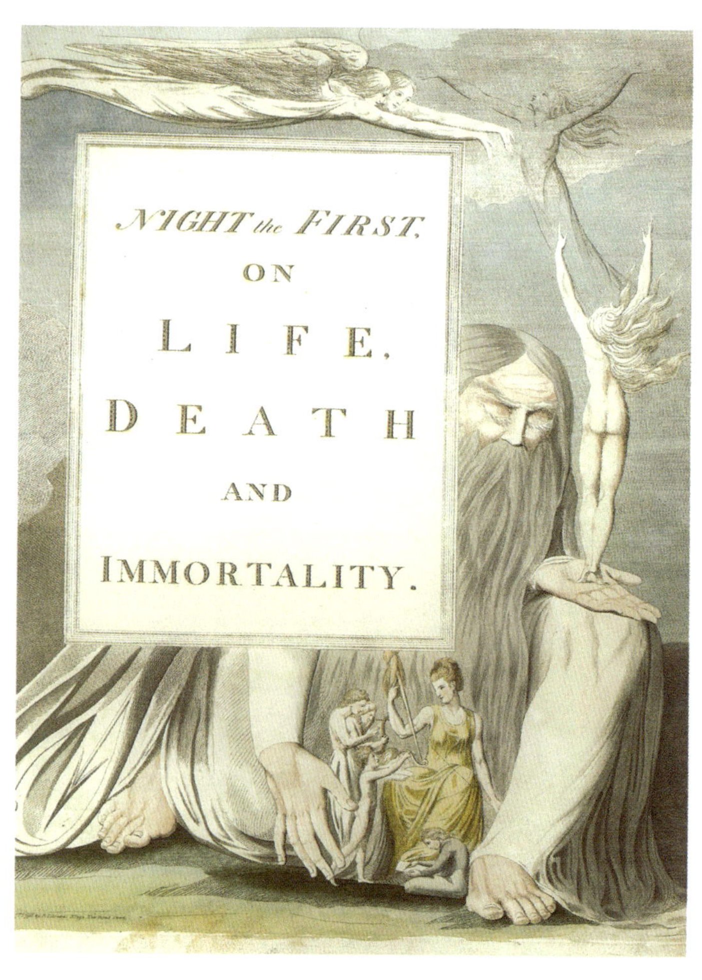

NIGHT the FIRST,
ON
LIFE,
DEATH
AND
IMMORTALITY.

94 爱德华·扬的《夜思》,约 1797 年。《第一夜》的扉页

95 《夜思》，约 1797 年。《基督教的胜利》

46

Or if we wish a fourth, it is a friend——
But friends how mortal! dangerous the desire.
Take Phœbus to yourselves, ye basking bards!
Inebriate at fair fortune's fountain-head;
And reeling through the wilderness of joy;
* Where sense runs savage broke from reason's chain,
And sings false peace, till smother'd by the pall.
My fortune is unlike; unlike my song;
Unlike the DEITY my song invokes.
I to day's soft-eyed sister pay my court,
Endymion's rival! and her aid implore;
Now first implored in succour to the muse.
Thou who didst lately borrow Cynthia's form,
And modestly forego thine own! O thou
Who didst thyself, at midnight hours, inspire!
Say, why not Cynthia patroness of song?
As thou her crescent, she thy character
Assumes; still more a goddess by the change.
Are there demurring wits, who dare dispute
This revolution in the world inspired?
Ye train pierian! to the lunar sphere,
In silent hour address your ardent call
For aid immortal—less her brother's right.
She, with the spheres harmonious, nightly leads
The mazy dance, and hears their matchless strain;
A strain for gods, denied to mortal ear.
Transmit it heard, thou silver queen of heaven!
What title or what name endears thee most?
Cynthia! Cyllene! Phœbe!—or dost hear
With higher gust fair P——d of the skies?

96 《夜思》,约 1797 年。《感觉野蛮横行,挣脱了理智的镣铐》

是快乐而充满热情的。插图里还有一些“小飞虫”和花精灵，这些令人想起理查德·多伊尔后期的恶作剧般 106
的幻想作品，以及——有点出乎意料地——他对伊顿公学学生孩子气的贵族式优雅精确无误的观察；这也许是从威斯敏斯特区另一所学校里的学生身上观察到的，那时布莱克还是一个无名的年轻绘图员，在大修道院的墓冢间工作。很显然，布莱克被《奥丁的下降》（‘The Descent of Odin’）这首诗中奇异的神话触动了，格雷对诺伦三女神（Norns）的描绘也非常有力，而他诗歌中的北欧神话主题也在布莱克的《四天神》中得到了再现。在《四天神》中，布莱克对尤里森与其可怕的女儿们相遇场景的描绘，很显然源于他曾为之作插图的格雷作品中的一段文字。但布莱克借用的所有内容——不论是取材自厄琉西斯秘仪，还是奥维德、斯威登堡的作品，或是圣经本身——其转化都是如此彻底，以至于最重要的形象完全变了样。

布莱克当时似乎并没有打算出版他为格雷的诗歌所创作的插图集，最终他将这卷作品赠送给了弗拉克斯曼的妻子，以感谢弗拉克斯曼对自己的另一次“帮助”，尽管这次“帮助”的后果是灾难性的——弗拉克斯曼将诗人介绍给了“伊尔瑟姆的隐士”威廉·海利——这导致布莱克在一八〇〇至一八〇三年间搬离了伦敦。

第六章　物质世界的朋友[1]

布莱克曾在一时恼怒之下写道："物质世界的朋友 112
是精神的敌人。"他当时想的是海利试图成为他的赞助人，但弄巧成拙。乔治·坎伯兰也试图帮助过布莱克，将他引荐给特拉斯勒博士，一位正在为新书寻找"道德寓意插图"的教士。但布莱克在一七九九年八月给坎伯兰的信中写道："我以我最好的方式为他画了一幅画，他却将它退了回来，还附上一封写满批评的信，他在信中说这幅画与他的意愿不符，而他的意愿是拒绝

① 物质世界的朋友（natural friends），布莱克在此处用的词 natural 带有基督教神学上的含义，与 spiritual（精神的）相对，因此暂且译作"物质世界的"。

来自他作品的一切幻想。我不知道怎样才能让他满意。但正如我本应去描绘裸露的美和简单的装饰，而无法描画脏抹布或旧鞋子一样，我对一直取悦于某一类人感到绝望。不幸的是我们很多图书的作者都属于这一类人；我无法预言多久之后我们才能迎来一个更好的转变。特拉斯勒博士说'**你的想象**，就我所见——我在坎伯兰先生那里见过各种各样的——似乎是在另一个世界里，或者说精神的世界里，这与我的意图不一致，当我们在这个世界里生活的时候，我希望**你的想象**能遵循**这个世界的本性**。'看到特拉斯勒博士的学说和基督的学说之间的差异，我不禁微微一笑。"

但我们仍然应该感谢这位可敬的博士，尽管他没有激发布莱克创作出最好的设计，却引发他写出了最好的书信。信中布莱克以此开头，"对你与精神世界的失和，我确实感到很遗憾"，他继续写道：

"因此我可以证明你的理由很不协调，但你永远无法证明我所描绘的人物形象也是如此，因为他们都是来自米开朗琪罗、拉斐尔，以及古希腊和古罗马的、现存的最好的模型。我感觉你的眼睛已经被本不应该大量存在的漫画读物歪曲了。我喜欢玩笑，但太多的玩

笑反而是所有事情中最令人厌恶的。欢乐比玩笑更
好,而幸福要比欢乐更好。我认为生活在这个世界上 113
的人应该是幸福的。并且在我看来,这是一个充满想象和异象的世界。我在这个世界里看到了我所描绘的每一个事物,但每一个人都有不同的所见所想。在一个守财奴看来,一个基尼远比太阳美丽,一个破旧的用于装钱的袋子远比一棵结满葡萄的葡萄藤美丽。某些人能被一棵树感动得流下快乐的泪水,但它在其他人眼中只是路边的一个绿色物体而已。在某些人看来,大自然完全是可笑和畸形的,我不应该以此来调节我的比例;还有一些人根本看不到大自然。但在那些具有想象力的人的眼中,大自然就是想象本身。他是一个什么样的人,就会看见什么。眼睛在形成之初就具有这样的能力。当你说在这个世界里找不到幻想的异象时,你一定是错误的。对我来说,这个世界就是一个持续不断的幻想和想象的异象,当别人对我这么说的时候,我感到很高兴。是什么将荷马、维吉尔和弥尔顿置于如此之高的艺术地位上?为什么圣经比任何其他图书都更令人愉快,更具有启发性?这难道不是因为他们具有想象吗?想象是精神上的感觉,但也间接影

响了理解力和理性。这才是真正的绘画,而且只有这才能得到希腊人和现代最优秀的艺术家的珍视。”就这封信,特拉斯勒博士写道:“布莱克,你这个迷信的笨蛋。”

人们可以想象布莱克对漫画家托马斯·罗兰森(1756-1827)的粗野丑陋是如何地避而远之,对此他在写给坎伯兰的信中说:“我很遗憾地看到,一个人[他说的是特拉斯勒博士]为了他自己的目的竟然如此迷恋罗兰森的漫画艺术,以至于将它们称为生活与行为的复制品。”正如经常发生的那样,一个接受退化畸变的社会,会引来疯狂、放纵和异想天开之类的事物,而自然的矫正,其意图是要符合某些美的标准——哥特式雕像的延伸,或对“裸体”比例的偏离,而文艺复兴时期的雕塑家(如肯尼思·克拉克爵士在一九五六年的一项研究中所表明的)正是靠“裸体”得出合适的“裸体雕塑”的比例。在每一个标准上,下坡路总是比上坡路容易;归根结底,十八世纪的英国民众是粗俗和狭隘的。

但是有一个赞助人从未使布莱克失望,他让布莱克自由地遵循自己富有想象力的冲动,并承诺只买布莱克愿意画的任何东西。这就是托马斯·巴茨(1757-1845),布莱克在写给乔治·坎伯兰的,上文已经引用过的信中第一次提及他：

“至于您如此善意地怀有兴趣的我本人，靠奇迹为生。我正在画关于《圣经》的一些小图画。就雕版而论，在这门艺术中我无法责备自己有任何疏忽，然而我被丢在一个角落里，好似我不存在一样。自从我插图的爱德华·扬的 114
《夜思》出版以来，就连约翰逊和菲尤泽利也放弃了我的雕刻刀。但是，正如我所知道的那样，一直工作并保持健康的人不会挨饿；我嘲笑财富，并不停向前走，往前走。我认为我预见之物将比我曾经所见之物更加美好。我的工作令我的雇主满意，而且我还获得了一个设计五十幅小图画的订单，每幅一基尼，这要比仅仅去复制另一个艺术家的作品要好得多。”

布莱克的“雇主”在他位于菲茨罗伊广场（Fitzroy Square）的房子里装满了布莱克的作品：巴茨的房屋是作为画家的布莱克一生所创作作品的主要收藏库。杰弗里·凯恩斯将巴茨描述为一个“天才的无声崇拜者，他能看见天才，但并不能完全理解他”。如果是这样的话，巴茨就应获得更大的荣誉，因为他毕生一心一意地奉献，正如布莱克所说，我们应该尊重别人的精神礼物。据吉尔克里斯特所说，巴茨是一名“点名将官”；但

97 《基督的身体被运到墓地》，约 1799-1800 年，布莱克为托马斯·巴茨创作的众多作品之一

98 《约伯和他的女儿们》,1799-1800 年

99 《天使向撒迦利亚显现》,1799-1800 年

100 《耶稣让巴底买重见光明》,1799-1800 年

101 《抹大拉的马利亚为基督洗脚》,约 1805 年

102 《坟墓旁的抹大拉的马利亚》，约 1805 年

103 《耶弗他的女儿迎接他》,约 1803 年

布莱克研究者 G. E. 小本特利(1930–2017)发现他实际上只是点名军官办公室里的组长,回复一些关于应征入伍的信件。不过,他死的时候确实很富有,可能是通过明智的投资和不动产而发财的。

巴茨不只是一个购买者,布莱克能够对他敞开内心,正如我们从许多写给他的书信中得知的那样。在巴茨位于菲茨罗伊广场的家中,布莱克夫妇是受欢迎的常客;巴茨甚至还找到了一个增加布莱克收入的巧妙方法,即送他的儿子托马斯去布莱克那里上绘画课。"汤米"一定是个隐秘的反叛者,在继承他父亲收藏的布莱克作品后,他卖掉了其中的绝大部分,包括《约伯记插图》的原稿。剩下的收藏品汤米留给了他的儿子巴茨上尉和他的女儿格雷厄姆 · 福斯特 · 皮戈特夫人。皮戈特夫人将属于她的收藏储存在阁楼上,据说它们就是在那里被"老鼠吃掉了";但巴茨上尉很欣赏布莱克的作品,他继承的伟大的布莱克藏品都保存得几乎完好无损。他的遗孀不得不在一九〇三年卖掉了这些收藏,那时布莱克正开始变得越来越有名。这些绘画作品被画家格雷厄姆 · 罗伯逊(1866–1948)买下了,他在一八八五至一九四〇年间是布莱克作品最忠诚和最具慧眼的收藏家。一九四九年，在他的收藏品拍卖会上，布莱克的许多最伟大的作品进入了公共美术馆。格雷厄姆·罗伯逊将七幅画作遗赠给泰特美术馆（Tate Gallery），其中包括五幅彩印画；他还留下了一笔基金，用于为公共收藏购买画作。

120 几乎所有现存的布莱克创作的圣经插图，包括蛋
97-104 彩画、水彩画和彩印画，都来自巴茨的收藏。其中的一百三十七幅插图涉及旧约主题，三十八幅则是新约主题。在一七九九至一八一〇年间，布莱克定期将这些画作卖给巴茨。他写给巴茨的信中有着无可非议的自豪感：“……我为你创作的作品的价值等同于卡拉奇或拉斐尔的（我现在比拉斐尔去世时还年长七岁），我说它们的价值与卡拉奇和拉斐尔的作品价值相同，如若不然，在为了解这些事情所进行的两年学习当中我就是瞎的、愚蠢的、无知和无能的，因为一位寄宿学校的姑娘在两周内就能够理解这些事情。请确信，我亲爱的朋友，在这些插图和绘画中，没有一笔不是来自我和谐一致的头脑和内心；我为成为它们的作者而感到骄傲，而且感谢你，我的雇主，我把你看作是我最重要的朋友，我愿意尽力让你高兴，因为在所有人中，只有

你能使我创作出这些作品。”

布莱克反感油画颜料，因为他认为这种颜料无法经受住时间的考验；“对天才来说，油画颜料是一种束缚；对艺术来说，它是一个地牢”，布莱克如是说。他用的是他称之为“蛋彩画颜料”的东西，因为他相信“这种颜色将会和宝石一样纯粹和永久”，就像那些他最赞赏的早期意大利绘画作品一样。不幸的是，布莱克错了。他在帆布上、木板上，有时也在铜板上绘制的蛋彩画并没有像意大利大师们那样使用鸡蛋这种材料，而是用了一种胶水溶剂，随后再涂上一层明亮的胶水涂料作为光亮面。所有的画作后来都会变暗和破裂，很多都难以保存下来。然而布莱克一定是改进了自己的蛋彩画技术，因为他用这种材料创作的后期绘画作品（例如阿灵顿府邸蛋彩画〔the Arlington Court tempera〕和《监狱中的乌哥利诺和他的儿子们》〔*Ugolino and his sons in Prison*〕）没有遭受同样程度的损坏。直到一九四一年，人们才发明了一种清洁和重塑画作表面的方法，这样才使得对它们的修复和保存成为可能。

布莱克的画很少有超过两英尺见方的：它们是挂在他的赞助人家中墙壁上的一些“小型图画”。英国忽

104 《士兵们在为基督的衣服抓阄》,1800 年

视了她最伟大的宗教艺术家的才能，他原本会乐于装饰伦敦的教堂，将这些墙壁装饰得和哥特式壁画家所做的一样闪耀。乔治·戈伊德在为威廉·布莱克信托机构的布莱克圣经插图目录(1957)做简介时写道："布莱克的雄心是，让英国像意大利一样，'因艺术而受尊重'。"几年前，赫明·沃恩曾尝试启动一个关于布莱克圣经的项目，或许在某一天，这个项目还可以被重启，因为再也没有其他的英国艺术家能用同样的理解力为圣经作插图了。

在隐居中工作并不是出于布莱克自己的意愿。在创 122
作于一八〇九年的《描述性目录》(*Descriptive Catalogue*)中
他抱怨道，英国的画家们没有参与到公共工作中。圣经系
列中的四幅作品，即他杰出的画作《雅各之梯》(*Jacob's* 119
Ladder)、《亚当和夏娃发现亚伯的尸体》(*The Body of Abel* 112
found by Adam and Eve)、《士兵们在为基督的衣服抓阄》 104
(*Soldiers casting Lots for Christ's Garments*)，以及《天使徘
徊》(*Angels Hovering*)①都是用于装饰教堂内圣坛的壁画。

---

① 完整名称应为《天使徘徊在坟墓里基督的尸体上空》(*The Angels hovering over the Body of Christ in the Sepulchre*)，该画未收入本书。

这些壁画是可移动的，因为“如果阿佩莱斯（*Apelles*）、普罗托耶尼斯（*Protogenes*）[①]、拉斐尔以及米开朗琪罗这些壁画创作可以移动，那么或许我们如今就能够在英国拥有它们。我能够将威斯敏斯特大厅（Westminster Hall），或任何其他伟大建筑物的墙壁划分成一个个隔间，然后用可以随意移动的壁画加以装饰”。

在他自己的一次公共展览宣传广告上，布莱克这么描述“便携式壁画的发明”，这是他最后一次徒劳的尝试，即说服那些没有远见的当代英国艺术赞助人允许他去装饰我们公共的建筑和教堂。

---

① 阿佩莱斯、普罗托耶尼斯及随后的两个人名，原文均为斜体，但其他关于布莱克的材料中，该处的人名均不是斜体，而是所有字母大写。应属原书排版疏漏。

第七章　万能者的线条

一九五八年,在意大利文化协会的一次演讲中,乔 123
治·梅尔基奥里教授回答了许多问题,这些问题都源自布莱克宣称自己热情地崇拜米开朗琪罗。布莱克从米开朗琪罗那里学到了什么?由于布莱克从未亲眼见过米开朗琪罗的原作,仅仅见过根据原作制作的版画,所以他是理解了,还是深深地误解了这位大师?由于布莱克从未见过米开朗琪罗的雕塑,因此可以理解,他是以线性的方式去看待米开朗琪罗的作品。但无论如何,他在实践中和信念上都是一位线型艺术家。画家罗杰·弗莱既不喜爱线型艺术,也不喜欢布莱克,却(据梅尔基奥里教授所说)“将布莱克的风格问题简单地概括为:‘布莱克仅仅将米开朗琪罗转化成线条,线条根本无法成为体积，只能保留其纯线性特征；并且，他还让他的线条以那种弯弯曲曲的、无力的曲线形式四处飘舞，这是很久之前凯尔特工匠十分热爱的一种表现形式’”。

用“无力的曲线”来描述布莱克的线条或凯尔特工艺都是不准确的。对布莱克而言，线条首先是一种能量的表达。可以将任何固体形式看作是能量流动的痕迹和结果，毫无疑问，布莱克将线条看作是能量和生命的签名。

“艺术那伟大的黄金法则，正如生命的法则一样，即是，”他写道，“所描绘的边界线越清晰、锋利和坚硬，那么这件艺术作品便越完美；但如果线条的表现越不那么尖锐和锋利，那么就越能证明这是一件无足轻重的仿制品、抄袭品和劣质品。从古至今，所有的创作家都明白这一点：普罗托耶尼斯和阿佩莱斯通过这种线条而相识。拉斐尔、米开朗琪罗和阿尔布雷希特·丢勒正因为且只因为这种线条而出名。缺乏这种确定的、界限分明的形式，证明艺术家的脑海里缺乏理念，也能在一切细节上证明抄袭者的伪装。但是通过边界
124 轮廓，我们如何区分橡树和山毛榉，马和牛呢？通过边

界线和它无限的弯曲和移动,我们如何区分不同的面容和表情呢? 不是清晰和明确的线条,那是什么建造了房屋,种植了花园? 不是行动和意向中正直的、确定的坚硬线条,那是什么区分了诚实和欺诈? 如果忽略了这些线条,那你就是忽略了生命本身;一切都再次变得混沌,而在人或野兽能够存在之前,定有万能者的线条在混沌之上划过。"

贺加斯在波浪形或蛇形线条,即弯弯曲曲的线条中发现了"美的线条",并且正如梅尔基奥里教授所述,"当一个朋友向他指出他关于蛇形线条之卓越的理论恰好符合米开朗琪罗的标准时,他很高兴"。在他的《美的分析》(*Analysis of Beauty*, 1753)的序言中他引用了吉安·保罗·洛马佐关于绘画的论文(1598 年的英译本),这篇论文提到了米开朗琪罗的艺术观念。布莱克肯定阅读过贺加斯的作品,并且在米开朗琪罗的作品中找到了他在哥特艺术中以及弗拉克斯曼在希腊艺术中找到的东西,他将米开朗琪罗纳入那些精神朋友(如波墨、帕拉塞尔苏斯、苏格拉底、弥尔顿和希伯来先知们)的圈子中,他们有时"与他一起进餐",享用"甜美思想的面包和快乐的葡萄酒"。根据洛马佐所说:

“据说,米开朗琪罗有一次将这种观察法教授给了他的学生,画家马库斯·达希恩纳(Marcus da Sciena):他应该总是把形象制作成金字塔形或蛇形,然后重复一次两次三次。在这条规则中(照我看)包含着艺术的全部秘密,因为一幅画能够拥有的最大的魅力和生命,就是表现运动:画家们把运动称为一幅画的精神。没有什么形式比火焰更适合用来表现运动,因为照亚里士多德和其他哲学家的看法,火是所有元素中最活跃的;由是,火焰的形式最适合描绘运动:火焰具有**锥体**或锋利的顶点,因此它似乎能劈开空气,上升到它适合的领域。所以,拥有这种形式的图画是最美的。”

即便没有其他原因,布莱克也会因为这段文章中提到的观察法而喜爱上米开朗琪罗。对布莱克而言,体积和重量属于自然界的机械论概念,而自然界受制于在时间和空间中运转的定量的“自然法则”;布莱克用他先知般的使命的一切能量来反对这一切——“培根、牛顿和洛克”的,和自然因果关系的“撒旦磨坊”的
125 宇宙。在反对自然的机械观念和尤里森理性思想产物的同时,布莱克赞扬生命。生命不受限于空间和时间,重力不会使它下降,体积也无法容纳它。布莱克创作

的人物形象，从本质上来看处于两种状态下——未受阻碍的能量的无拘束的自由，以及尤里森的机械化本质的宇宙中那些囚犯们受限制的、被束缚的和负重的状态。对布莱克来说，米开朗琪罗创作的从岩石的禁锢中挣扎出来的囚犯们意味着生命从物质的压迫下获得了自身的解放，正如他自己的作品《天堂之门》中尘世里的人物形象那样。

即使布莱克曾经见过米开朗琪罗的原作，也无法想象他会按照米开朗琪罗的质量和体积的原理创作，因为这些在他自己富于想象力的异象中没有一席之地。精神艺术的形象，无论是哥特式的、拜占庭式的还是佛教式的，无论是关于人类的还是天使的，都是存在于精神的而非肉体的空间中的。同样地，中国风景画的无重状态也表现了不受物理上的容量和体积约束的自然景象。西欧艺术的自然主义——布莱克反对其限制条件——的确是世界艺术中的例外，而不是法则。

精神已经是自由的了，并且“精神的身体或天使”是从“排泄物的外壳和覆盖层”中解放出来的真正的人类。这里布莱克与斯威登堡相似，后者那无实体的灵魂是完全的人类，只是从物质身体的限制中解放了出来。斯威登堡教导说，死者的复活是将精神身体从它尘世的皮囊中和死亡的“破旧衣服”中解放出来。像斯威登堡一样，布莱克自己也曾看见过另一个存在层面的精神：他的弟弟罗伯特——当他上升穿过天花板的时候“欢快地拍着手”，以及其他遍及布莱克一生的或真实或想象的精神访客。在布莱克看来，只有在反映一个有活力的灵魂或精神的轮廓，即圣保罗在《哥林多前书》的一个著名段落中提到的“天上的形体”时，肉体
105 才是美丽的，布莱克在他的《致得撒》（约 1801）的配图中引用了这个段落的一句话：**复活的是灵性的身体**。[1] 布莱克所创作的人物形象早已是如此。“人的身体和灵魂没有区别，因为那所谓的身体是由五种感官区分出来的灵魂的一部分。”他认为“诗灵是真正的人，人的身体或外在形式都源于诗灵”。

像柏拉图一样，布莱克也使用洞穴这一象征。对他来说，洞穴就是身体，由五扇感官之窗照亮。“如果清理干净感知之门，那么一切事物都会如其所是地呈现在人面前，无穷无尽。因为人类从自己洞穴的狭窄

---

① 参见《哥林多前书》15:40-44。

105　《经验之歌》，约 1825 年。《致得撒》

106　《耶路撒冷》，1804–1820 年。版画 25：宇宙人的身上有明显的太阳、月亮和星星的图案

缝隙中看到一切之前，将自身封闭了起来。”

对布莱克的同时代人来说这种传统的神秘学说十 126
分陌生，对我们这代人来说似乎也是如此。

布莱克并不像英国人那样喜爱风景画。他热爱自然的形式——卷须和叶子，以及昆虫、蠕虫或蜘蛛的奇怪形状——正如他热爱人类一样，但他所热爱的这些事物都是生命的化身。“凡是有生命之物都是神圣的”，从“小飞虫”到人类。对风景的普遍印象绝不是布莱克看待自然的方式。对他来说，“微小的细节”是极其重要的，并且构成了某些生命能量的边界。布莱克还认为，一切都是人类，因为在这个世界上人类是中心，是按照“上帝的形象”被创造出来的，就像小宇宙一样：

每一粒沙子，
陆地上的每一块石头，
每一块岩石每一个小丘，
每一股泉水每一条小溪，
每一棵草每一棵树，
大山、小丘，大地和海洋，
云朵、流星和恒星，

都是人类从远处看见的事物。

布莱克回到了所有精神传统的基本概念上：人类不是“自然的一部分”，而是所有的自然现象存在于意识中。人类世界是由人的意识展现出来的。他引用了犹太神秘传统中象征性的亚当·卡德蒙（Adam Kadmon）：

“你们［犹太人］有一种传统，即古时的人类在其强有力的四肢中包含了天地万物：这是你们从德鲁伊（Druids）那里获得的。

“但现在，繁星闪耀的天空已经从阿尔比恩强有力的四肢中消逝了。”

布莱克谴责牛顿的科学宇宙观，认为它是一个抽象化和公式化的宇宙，而不是一个经验的宇宙。人的大地就是他感觉到的，因此“尽管它在外部呈现，但它
106 存在于你的想象之中”。在一幅米开朗琪罗式的人物画中，布莱克用图画表现了阿尔比恩带有太阳、月亮和星星的“强有力的四肢”，由于大自然“残酷的”女性原则而变得具体化：

你，我凡人部分的母亲

残忍地塑造我的心脏
用错误自欺的泪水
束缚我的鼻孔、双目和双耳:

用无知觉的泥土封闭我的舌头,
将我出卖给凡人的生活。

既然城市是人性的表达,布莱克的(或巨人阿尔比恩 128
的)“伟大工作”是建造“精神的四重伦敦”(‘spiritual fourfold London’):

……因为城市
是人,众多之父亲,而河流和山脉
也是人;一切都是人类,全能的! 神圣的!

实际上,布莱克与佛罗伦萨画家们(尤其是拉斐尔和米开朗琪罗)的相同之处在于新柏拉图主义的,更具体地说是普罗提诺式的美学观,而“理想的形态”的概念正是建立在这一美学基础上;当然,布莱克将这种美学观与他的“神圣的人性”——“一切的外形都带着爱和同情走近和寻找它”——融为了一体。

不论是由于他早年接受的训练，他作为一个伦敦人的事实，还是其他更深层的原因，对布莱克而言，“神圣的人类形式”始终是最重要的。

政治理论家埃德蒙·柏克（1729–1797）的《关于我们崇高与美观念之根源的哲学探讨》（*A Philosophical Enquiry into the Origin of the Sublime and the Beautiful*, 1757）旨在表达“崇高”与“美”的区别，正是这种区别造就了布莱克和他的同时代人所共有的一种风格。根据柏克所述，美的基础是快乐，而崇高的基础是痛苦。阴暗、壮丽、混乱、恐怖、力量、巨大、无限、困难和宏伟，
129 它们通过产生痛苦的印象而通向崇高。布莱克反对柏克将这些思想应用于独特生动的风景中，但是与巴里、菲尤泽利、斯托瑟德，以及其他同时代人相同的是，他毫不迟疑地尝试用人类的形式来表达“崇高”。安东尼·布伦特指出，布莱克、巴里、斯托瑟德和菲尤泽利，他们所有人都尝试过柏克在解释他的意思时引用过的
107 一个例子，即弥尔顿在《失乐园》的一个场景“撒旦、原罪和死亡”中的描述。在这种情况下，米开朗琪罗的壮丽宏伟和**庄严凝重**就显得很自然了。米开朗琪罗的

《最后的审判》(*Last Judgment*)中那些饱受折磨的坠落的人物形象是布莱克作品——包括布莱克自己创作的《最后的审判》——中许多视觉化主题的来源。梅尔基奥里教授认为,布莱克的四天神形象是对他所熟悉的米开朗琪罗作品的无意识的再创作。布莱克对文字和绘画主题的视觉记忆能力是卓越的,任何一个研究他作品的人很快便能发现这一点。安东尼·布伦特描述了很多这种视觉上的借用,而本作者通过那些借用的文字和习语——可能也是无意识地取自他喜爱的作品——的"微小的细节"的引导,发现了许多布莱克作品的文学来源。

布莱克创作的圣经插图,多数都是他住在兰贝斯时完成的,存在着质量上的差异。安东尼·布伦特认为布莱克对圣经主题的早期选择有时倾向于强调他在性道德方面革命性的观点:例如,他的作品《大卫和拔示巴》(*David and Bathsheba*)、《波提乏之妻》(*Potiphar's Wife*)和《苏撒纳和两个长老》[①](*Susannah and the*

① 该典故出自天主教和东正教的次经,犹太教和新教的圣经未收录。"苏撒纳"这一译名取自思高版圣经,具体见思高版《达尼尔》第十三章。

Elders)。无论如何，每个人都能在这些作品中找到他
69 所寻求的。在本作者看来，对神的七灵①的那些极度神
秘的描绘——《光的创造》(*The Creation of Light*)、《上
108 帝创造亚当》(*God creating Adam*)、《耶和华从旋风中回
答约伯》(*The Lord answers Job out of the Whirlwind*)、《大
109 卫被从大水中拉上来》(*David delivered out of Many*
110 *Waters*)，或《以西结的异象》(*Ezekiel's Vision*)——是以
一种自信仰时代以来就消失了的图形语言来谈论精神
的奥秘。那儿有雅各梦中宏伟的天国之梯，在梯子上
有向上和向下行走的天使；还有《亚当为野兽命名》
(*Adam naming the Beasts*)和《夏娃为鸟儿命名》(*Eve*
112 *naming the Birds*)中天堂般的美好。《亚当和夏娃发现
亚伯的尸体》中该隐这一逃跑的人物形象在本质上几
111 乎是表现主义的，此外，《饥荒》中荒无人烟的梦中之景
可以说预见了最好的超现实主义作品。尽管布莱克的
许多更加自然主义的绘画也同样优秀，但他的某个同
时代人也可能创作出这些作品；而那些精神上的异象，

① 神的七灵(Seven Spirits of God)，见《启示录》3:1,4:5,5:6 及《以赛亚书》11:2–3。

107　为《失乐园》所作的插图，1807 年。《撒旦、原罪和死亡》

108 《耶和华从旋风中回答约伯》,约 1799 年

109 《大卫被从大水中拉上来》，约 1805 年

110 《旋风：以西结的异象——基路伯和布满眼的轮子》，约 1803-1805 年

111 《饥荒》,1805 年

112　《亚当和夏娃发现亚伯的尸体》，约 1826 年。正准备埋葬亚伯尸体的该隐，从他父母的面前逃走了

除布莱克外无人能够尝试。

布莱克关于新约主题的插图创作，几乎没有比对圣子（Holy Child）的描绘更美的。在作品《基督诞生》 113
（*The Nativity*）中，一个被光芒包围的孩子（像沃克在他的火焰中一样）悬停在圣母马利亚倾斜的身体上方，在我所知的其他画作中，没有一幅作品表达了这样一种思想，即“降落”到人世间的圣婴不是来自圣母马利亚 130
的子宫，而是来自另一种存在秩序。《国王的崇拜》（*Adoration of the Kings*）和《在十字架上睡着的基督》（*Christ asleep on the Cross*）这两幅画作也传达了类似的思想。对布莱克来说，圣子并不是深受意大利学派喜爱的古典爱神的那些文艺复兴后裔之一，而是精神奥秘之小中见大：

> 耶和华站在受害者的大门里，并且他显现为
> 一个在天堂之中的出生之门里哭泣的婴儿。

不论是童贞马利亚还是布莱克的“黑暗”圣母的孩子，在精神上更接近的是早期基督教艺术，而不是任何后文艺复兴时期的作品。

另一方面，布莱克将耶稣刻画成一个人，非常类似
那些与圣心崇拜有关的、多愁善感的反宗教改革插图。
114 但也有很多例外，尤其是庄重的悲剧作品《伊甸园中的
痛苦》（*The Agony in the Garden*），画中从天而降的威严
122 天使扶着基督这一人物形象。布莱克的《最后的晚餐》
（*Last Supper*）堪与他所仰慕的那些意大利大师们的作
115 品相比较。充满抒情诗调的《聪明的和愚蠢的处女们》
135 （*Wise and Foolish Virgins*）是最美丽的寓言故事插图之
116 一。凭借为《启示录》所创作的插图作品（《米迦勒捆绑
117 住撒旦》〔*Michael binding Satan*〕和《生命之河》〔*The
River of Life*〕），布莱克再次置身于他的“精神异象”的
真正元素中。

118 《最后的审判》——它几个版本中的最后一个，布
莱克直到生命的终点都在持续创作——具有一种完全
史无前例的特征。这部作品和与其有紧密联系的《墓
间冥想》（*Meditation among the Tombs*）都具有一个图解
结构，这在藏传佛教艺术中比在基督教肖像学中更普
遍。就像在米开朗琪罗的《最后的审判》中那样，那些
涌动的人物形象，有的上升到光芒四射的基督宝座上，
有的头向下坠落进地狱中，他们与其说是个体，不如说

113 《基督诞生》,约 1799-1800 年

114 《伊甸园中的痛苦》，约 1799-1800 年

115 《聪明的和愚蠢的处女们的寓言》,约 1799-1800 年

116 《米迦勒捆绑住撒旦》，约 1805 年

117 《生命之河》,约 1805 年

118 《最后的审判》(水彩画版本,Petworth 藏品),1808 年

是在宇宙生命的生命之流中循环的细胞。虽然对单个人物或是一组人物来说,我们都可以在米开朗琪罗的作品中找到相似之处,但就整体构图而言,在哥特式中世纪艺术之后,就我所知没有一件艺术作品像这样。这幅作品让我们想起布莱克是一个斯威登堡主义的信徒,他的作品《审判》极好地描绘了斯威登堡关于宏伟人类的概念,这是布莱克自己的“神圣人性”或“想象之耶稣”的原型,即万物中唯一的上帝,万物都包含在太一(the One)中。

从美学角度来看,布莱克工作于其中的传统并没有为他提供先例,这对他来说是不幸的。我们通过一种近乎原始的笨拙方法看到了他的宏伟设想。由西藏人绘制的曼陀罗(尽管布莱克从未见过),描述了相似的精神现实,也证明了经继承而来的传统语言具有巨大的优势,与之相比,布莱克的精神异象(有可能也是斯威登堡的)需要,且强烈需要一种新的形式;但是对一个孤独的艺术家来说,违抗历史的趋势去创造一种
新的绘画语言也未免太困难了。的确,在《约伯记》版 161-8
画中布莱克为创造这样一种语言付出了很大的努力,但这种语言却没有任何继承者。也许,新时代——布

莱克知道自己是这个新时代的预言家——会发现布莱克是一种新表达方法的先驱,这种方法能够表达精神世界的非空间的艺术体现,和他非常强烈地直觉到的生命的精神集体。

也许是因为布莱克的耶稣在本质上是万物中唯一的上帝,而不是历史的耶稣,所以他的大审判(great Judgement)相比他描述的基督生活的片段,表现出更有激情的想象力。在某种程度上,他对这个作品的两段
140 非凡的描述比现存画作的两个版本更能让我们清楚地看到他宏伟的异象:

"《最后的审判》不是虚构或寓言,而是异象……希伯来圣经和耶稣的福音都不是寓言,而是一切存在之物的永恒的异象和想象……《最后的审判》就是这些惊人的异象之一。我按我所见来描绘它,正如其他任何事物一样,它对不同的人显现出不同的样貌;虽然世间万物看起来是永恒的,但众所周知,它们还不如影子那般永恒……

"这个想象的世界就是永恒的世界,这是我们所有人在草木般的身体死去之后,都将进入的神圣怀抱。这个想象的世界是无限和永恒的,然而那个世代繁衍

119 《雅各之梯》，约 1799-1806 年

120 《神圣的天使把夏娃带到亚当面前》,约 1803 年

121　《大天使拉斐尔与亚当和夏娃》,《失乐园》中的插图,1808 年

122 《最后的晚餐》,1799 年

的世界,或者说草木般的世界是有限和暂时的。在那个永恒的世界中存在着一切事物的永恒现实,而我们在自然那单调的镜子的反射中看到这些现实。一切事物都以其永恒的形式存在于救世主——永恒的真正葡萄藤,人类的想象——的神圣身体,众圣徒围绕的救世主,在我看来是前来审判并抛弃现世的,如此才有可能建立永恒;按照符合我富有想象力的眼睛的某种法则,可以在他周围看到存在之形象……"

在这之后是对各种形象群体的详细描述。

“神圣人类”的集体存在这一概念已经在《四天神》中得到了清晰的阐释：

> 于是在伟大永恒中的那些人，作为一个人
> 相会于上帝的集会，因为在收缩他们高贵的感官时
> 他们看见众多，在扩张时他们看到作为唯一，
> 作为唯一一个人的全部宇宙家庭；那唯一一个人
> 他们叫作耶稣基督的，他们在他之中并且他在他们之中
> 生活在完美的和谐中，在伊甸园这生命的国度里，
> 作为一个人商量，在雄伟的斯诺登峰上。

布莱克极力赞赏威廉·劳翻译的波墨作品（1764）中的图解（diagrams），这对艺术评论家们来说很可能是一块绊脚石，正如威廉·巴特勒·叶芝（他自己也是一个同样令人困惑的神秘结构的作者）所写的那样，“一个人

掀起了一张纸,发现了人类的内脏和繁星点点的天空。
威廉·布莱克认为这些图解可以与米开朗琪罗的比
肩,但它们对他来说几乎是无法理解的,因为他从来没
有画过类似的图画”。《最后的审判》是布莱克关于自
144 身精神宇宙的最接近视觉描绘的作品,但《四天神》和
《耶路撒冷》中的长篇段落都描述了“四重”精神的城
市。S. 福斯特·戴蒙在他的《布莱克词典》(*Blake
Dictionary*, 1965)中绘制了戈尔贡诺扎城(Golgonooza)
的示意图:一个正方形的内部有一个圆圈,在其中心,
“上帝的权柄”创造万物——卡尔·荣格的学生们很熟
悉这类图解,并且称之为(与藏传佛教艺术相似)“曼陀
罗”。荣格的病人们经常在分析的过程中创作这种“曼
陀罗”,以之作为心灵整合的象征。我绝不是暗示布莱
克的“曼陀罗”是他人格失衡的表现,只是希望指出某
一类幻想在图解上的特征;例如,以西结的车轮,或宝
座周围的四个活物,《圣经·启示录》中描述的城市,或
但丁的地狱和炼狱中的山峰。布莱克自己经常求助于
这些宗教幻想家,就像求助于他富有想象力的近亲。

第八章　精神的敌人

威廉·海利是一位乡绅，他的怪癖是写作和发表 145
诗歌。也许他的诗并不比如今已被遗忘的一大堆拙劣的诗歌糟糕，但人们之所以还记得他，主要是因为他所著的关于他朋友考珀的传记。他的私生子托马斯·阿道弗斯曾一度是雕版师弗拉克斯曼的学徒。他儿子于一八〇〇年去世后，海利雇佣布莱克制作这个男孩的头像版画。海利对这件作品不是特别满意——他总是干涉自己委托的艺术家们，甚至“改进”弗拉克斯曼为他做的设计——但他可能被布莱克写给他的关于他儿子的信触动了：

“十三年前我失去了一个弟弟，我每天每小时都在心灵中与他的灵魂交谈，并且在我想象力范围内的记忆中看到他。我听到了他的建议，就连现在写的这封信也是他的指示。请原谅我向你表达我的热情，我希望所有人都能分享我的热情，因为这对我来说是永恒的快乐之源：即使在这个世界上，我也是天使的同伴。愿你继续如此，越来越相信，每一个凡人的死亡都是一个不朽的收获。时间的废墟在永恒中建造大厦。”

弗拉克斯曼向海利建议，他应该雇佣布莱克做他计划创作的考珀生平的版画雕版师；并且，他也许能将布莱克介绍给他的朋友们，顺便帮布莱克获得其他工作。海利和布莱克都很高兴地接受了弗拉克斯曼的建议，即布莱克应该搬到萨塞克斯郡的费尔珀姆村庄，靠近海利在伊尔瑟姆的住所。然而，正如莫娜·威尔逊在她的《布莱克的一生》中所发现的，如果布莱克看到弗拉克斯曼写给海利的书信的话，他有可能会将他肉体的朋友弗拉克斯曼视作精神的敌人：“你自然可以认
146 为，我对你以一贯的仁慈善待我的朋友布莱克感到很高兴，而且这样也为你提供了一个也许会让你更满意的机会，即在你自己的眼皮底下而不是在相当的距离之外雕刻肖像画，我确实希望布莱克搬到费尔珀姆居住这件事会让你和他都感到舒适，而且我找不到任何

理由,为什么他不能在那里过上像在伦敦一样好的生活,如果他从事雕版和绘画教学,或绘制不同种类的工整图画,就能够以此赚到相当可观的收入,但如果他要靠绘制大型图画的话,他的习惯和学识都无法胜任,他就会被骗得很惨。"

如果弗拉克斯曼不用这种语气写信的话,海利也许就不会从一开始就出于好意劝阻布莱克的宏伟构想?在海利委托布莱克为他的朋友们绘制微型画像期间,他是在尽职尽责地执行弗拉克斯曼的吩咐吗?布莱克的天才最不适合创作的就是这些"不同种类的工整图画",除非我们认为他壮美的《约伯记》系列插图就是这类图画。如果说海利的善意从一开始就被误导了,那么这在某种程度上不也是弗拉克斯曼的错误吗?布莱克怀着感激之情写下的语句,弗拉克斯曼应该感到羞愧:

"你,哦,亲爱的弗拉克斯曼,是一个高尚的大天使,是我永恒的朋友和同伴;在我们住所的神圣怀抱中。在这片大地将其草木般的必死性呈现在我必朽的草木般的双眼中之前,我回顾回忆的领域并看到我们远古的时日。我看到我们不朽的大家庭,永远不可能被分开，尽管我们必朽的车辆会分别停靠在天堂最遥远的角落。”

海利让“我们善良的布莱克”一直忙这忙那，认真地试图填满布莱克的时间，这样他就不会沉湎于“幻觉”中。布莱克忙于考珀生平的版画蚀刻工作，此外他还为海利的藏书室制作了一些诗人的一系列大型头像浮雕。布莱克为大幅作品《小水手汤姆》（诗歌是海利写的）制作了头尾部分的图画，这个大幅作品售卖后所得的善款将会提供给这个男孩（汤姆）守寡的母亲。海利的《民谣》（*Ballads*），由布莱克绘制插图，出售后所得的收益归布莱克所有，但这次冒险在财务上失败了。诗人罗伯特·骚塞（1774－1843）在一篇评论中嘲笑海利的诗歌，顺便也附加了对插图画家的评论：

“这个诗人有异常的好运，因为他遇到了一个能够
148 完全正确地表达他的想法的画家；而且，事实上，当我们看到这卷诗集令人愉快的卷首插图时——它描绘的是正在后退的爱德华，**飞了起来的**菲多，以及狂暴的鳄鱼，它的嘴像一个脱靴器一样大大张开准备接住他——我们不知道最应该赞赏的，是威廉·布莱克先生的还是威廉·海利先生的天赋。”

人们能够理解骚塞的意思，这幅图画是非常好笑的，但它意不在此。如果说布莱克要被谴责，那也是因为他没有重视他自己的建议：“鹰从来没浪费过那么多时间，除了屈尊向乌鸦学习的时候。”

罗斯金赞美《马》（*The Horse*），这一系列中的另一件 123
作品，叶芝也是如此。罗塞蒂称赞《隐士的狗》（*Hermit's* 124
Dog）和《鹰》（*The Eagle*）。（“当你看见一只鹰，你看见了 125
天才的一部分；抬起你的头来！”）

“善良的布莱克”总是很勤奋，几乎从不拒绝提供给他的任何工作；但是他拒绝为考珀的亲戚赫斯基思女士的手握屏扇绘图，他还在他的笔记本中发泄越来越大的怒气：

> 当海利发现你有无法做到的事情时，
> 那正是他要你去做的事情。

但是布莱克的天使们，在将他送到费尔珀姆海边附近的时候，明白他们自己在做什么，这让布莱克在那里度过了“三年”休眠期。他以前从未在乡间居住过。他和凯瑟琳喜欢到泰晤士河南边的乡间漫步，那里离佩卡

123　为海利的《民谣》创作的插图。《马》，1805 年

124　为海利的《民谣》创作的插图。卷首插图：《隐士的狗》，1805 年

125　为海利的《民谣》创作的插图。《鹰》,1805 年

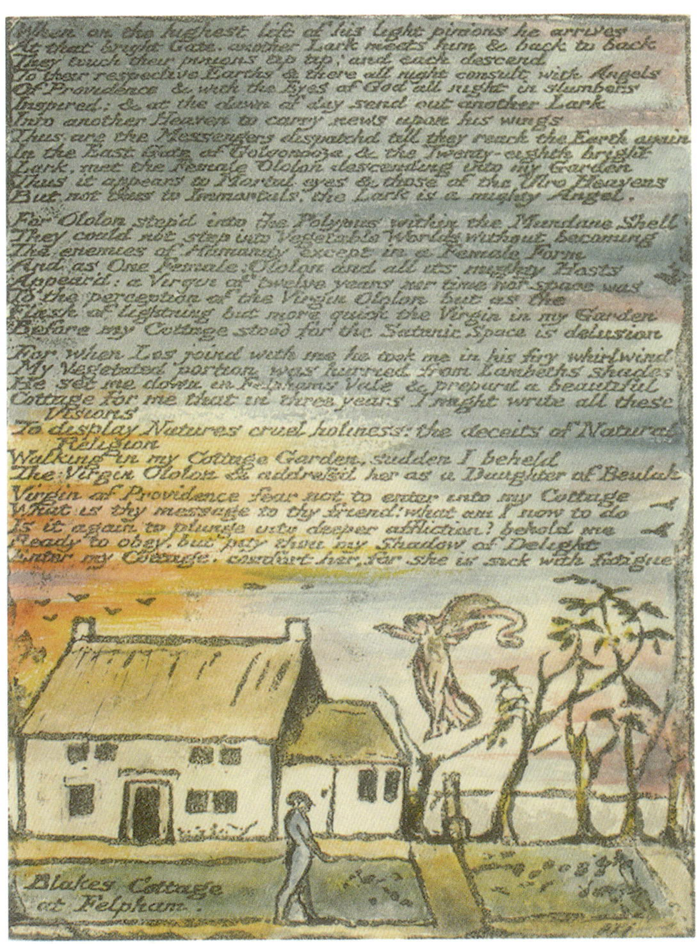

When on the highest lift of his light pinions he arrives
At that bright Gate, another Lark meets him & back to back
They touch their pinions tip tip: and each descend
To their respective Earths & there all night consult with Angels
Of Providence & with the Eyes of God all night in slumbers
Inspired: & at the dawn of day send out another Lark
Into another Heaven to carry news upon his wings
Thus are the Messengers dispatchd till they reach the Earth again
In the East Gate of Golgonooza, & the Twenty-eighth bright
Lark. met the Female Ololon descending into my Garden
Thus it appears to Mortal eyes & those of the Ulro Heavens
But not thus to Immortals, the Lark is a mighty Angel.
For Ololon stepd into the Polypus within the Mundane Shell
They could not step into Vegetable Worlds without becoming
The enemies of Humanity except in a Female Form
And as One Female, Ololon and all its mighty Hosts
Appeard: a Virgin of twelve years nor time nor space was
To the perception of the Virgin Ololon but as the
Flash of lightning but more quick the Virgin in my Garden
Before my Cottage stood for the Satanic Space is delusion
For when Los joind with me he took me in his firy whirlwind
My Vegetated portion was hurried from Lambeths shades
He set me down in Felphams Vale & prepard a beautiful
Cottage for me that in three years I might write all these
Visions
To display Natures cruel holiness: the deceits of Natural
Religion
Walking in my Cottage Garden, sudden I beheld
The Virgin Ololon & addressd her as a Daughter of Beulah
Virgin of Providence fear not to enter into my Cottage
What is thy message to thy friend: what am I now to do
Is it again to plunge into deeper affliction? behold me
Ready to obey, but pity thou my Shadow of Delight
Enter my Cottage, comfort her, for she is sick with fatigue
Blakes Cottage
at Felpham.

126 布莱克在费尔珀姆的小屋，出自《弥尔顿》，约 1804-1808 年

姆·赖伊(Peckham Rye)不远,挨着肯特郡的村庄,有小巷、榆树林和丰收的庄稼地。现在,大海和乡间小路就在他们门口。我们看到布莱克夫人在“渴望海神的拥抱”,而对布莱克来说,他那有着六个房间的小屋暂时还是天堂——直到他对他的雇主越来越愤怒,无法忍受他的处境。他一抵达,便写信给弗拉克斯曼:

“我认为,对小屋和富丽堂皇的宫殿来说,这都是一个完美的模型,只须扩大,不用改变比例,增加一些装饰品而不是主体结构就好了。没有什么比它的简洁有用更加重要的了。简单而不复杂,这似乎是人性的自然流露,符合人类的需要。”

126 他在费尔珀姆创作的诗歌《弥尔顿》的其中一页让这个小屋变得不朽。我们看到,当诗人在他的花园里散步时,“灵感的女儿们”中的一位从某棵邻近树木的顶端朝他降落。

布莱克为大自然的光环所震撼,但具有其特色的是,无论是在当时还是其他任何时候,他都没有把自然看作是人以外的东西;在这里所描述的宗教幻想体验
151 在诸天伟人(Grand Man of the heavens)的显现中达到顶峰:

我的眼睛越来越
像没有岸的海洋
在持续扩张，
诸天在指挥，
直到光之宝石，
天上的人们发出明亮的光，
显现为一个人
他自满地开始
将我的四肢包裹进
他明亮的金色光芒中；
就像浮渣洗净
我所有的泥泞和泥土。

关于精神太阳的这个异象在《弥尔顿》的插图 47 中得到了壮丽的描绘，并且就在这首诗中，诗人用神话的语言将这个异象描述为一场与洛斯——布莱克精神世界中的阿波罗——的相遇。

布莱克从不描绘最小的花朵或昆虫，却描绘一些居住在其中的小仙子或小生命之灵；“因为一切都是人类！全能的！神圣的！”他也没有在上空看到（或描画）

小精灵。他将这些视作植物世界里活的灵魂，它们属于自然，也同样会死亡。艾伦·坎宁安在他关于布莱克的短篇回忆录(1830)中记录了这样一段插曲："'夫人，你曾经看见过一个精灵的葬礼吗？'有一次他对一位碰巧陪坐在他身边的女士说。'从来没有，先生。'她回答道。'我见过！'布莱克说，'但在昨晚之前没见过。我当时正独自一人在花园里散步，树枝和花丛间非常安静，空气中弥漫着比平常更浓郁的芳香；我听到一种低沉和令人愉悦的声音，但我不知道它从何而来。最终，我看到了一朵花的阔叶动了动，在阔叶下我看到了一队大小和颜色犹如绿蚱蜢和灰蚱蜢的生物，它们抬着一具躺在玫瑰花瓣上的尸体，在唱着歌埋葬了它之后，它们便消失了。这就是精灵的葬礼。'"

相比山水画，布莱克对海景画也没有表现出更大的兴趣。但《水漫上大地》(*The Waters prevailed upon the Earth*)和其他画作或许确实应该归功于他与海神的四年邻居生活。他描绘的许多树——或那棵树，因为他描绘的总是那一棵树，根据其好的或邪恶的一面而被风格化——都带有细致观察得来的自然细节，比如说
127 诗歌《寻获的小女孩》中出现的那棵榆树树干；布莱克

127 《经验之歌》,1789 年。《寻获的小女孩》

还对树根很着迷，在这一点上塞缪尔·帕尔默和他一
152 样。他所描绘的天空和云彩，在色彩光亮方面与特纳的画一样丰富，在伦敦不断变化的美丽的镀金天空中仍然可以看到这样的景象，这是一个生活在城市街道中的孩子最熟悉的自然美景。有人可能会说布莱克是一位天空景色画画家，确实，他的插图书中的每一页几乎都像一片天空一样明亮。布莱克像特纳一样，极度赞赏克洛德的绘画。后来他将这种赞赏传递给塞缪尔·帕尔默，并对他年轻的弟子指出，“在这些画作中，仔细观察我们会发现，在叶子的光线焦点上有纯白色的小斑点，这使它们看起来像带有还未被朝阳晒干的露水一般闪闪发光……他对这些克洛德的真迹的描绘，我永远都不会忘记。他兴致勃勃地谈着他的话题，整个傍晚的散步中都在谈论这个。太阳落山了，但布莱克的克洛德给那个阴影笼罩的地方洒上了阳光”。①

---

① 引号里的这段话，本书作者似乎完全将之作为布莱克说的话加以引用，但省略号之后的三句话显然不是布莱克的话。事实上，这段话引自亚历山大·吉尔克里斯特的《威廉·布莱克生平》（*Life of William Blake*, John Lane, The Bodley Head, 1907, p. 330），原本是布莱克的一位朋友对布莱克的回忆，其中包含布莱克对克劳德作品的描述和评价。

布莱克也赞赏康斯太布尔。在仔细研究他的一些作品时，布莱克惊呼道“哎呀，这就是异象”；对此，更古板的康斯太布尔回复说他“认为它是绘画”。

到一八〇二年年初，布莱克在费尔珀姆变得焦躁不安。他向巴茨倾诉：“刚到这里的时候，我比现在更乐观。”他一直忙于“为海利先生的新版《性情的胜利》（*Triumphs of Temper*）制作小型雕版，画是玛丽亚·弗拉克斯曼画的，她是我的雕版师朋友的姐妹”，在这期间，布莱克在心中将海利表面上的善良与托马斯·巴茨的真正理解进行了比较。即使是在费尔珀姆居住期间，他也能找到空闲来为巴茨创作一些作品，它们（正如布莱克在一八〇二年十一月所写的那样）“来自我的**头脑**和**心灵**的**统一**”。老实说，为海利创作的任何一个作品都不是这样的。

危机以一种意想不到的方式出现了。一八〇三年夏天的时候，布莱克在他小屋的花园中发现了一个士兵，他是园丁叫来的，似乎是为了修剪草地。布莱克不喜欢士兵，同样地，他也反对战争，尤其反对英国介入法国的战争。布莱克命令这个入侵者出去，在对方表示抗议时，用武力将其赶了出去。接着，布莱克说了一

128-129　为威廉·考珀的诗歌《任务》创作的插图，约1820-1825年。左边，《冬季》；右边，《傍晚》

些不理智的话,据说是“该死的国王,他所有的士兵都该死,他们全都是奴隶”;还有一些关于拿破仑的话,更适合从一个法国人的口里,而不是从一个英国诗人的口里说出来。这一次,海利用巧妙的方式来为布莱克辩护,帮他开脱了罪名。毫无疑问,布莱克是无辜的。归罪于他的那些话很有可能是他愤怒时说出来的,但
他在费尔珀姆的邻居们也会意识到他的政治观点,他 154
不是一个能隐藏观点的人。

在返回伦敦之后,布莱克又继续为海利工作了一段时间,仍以友好的态度给他写信。

布莱克将在费尔珀姆期间为巴茨创作的作品都列在了书信中。其中包括《休息》(*Riposo*;《埃及的神圣家族》〔*The Holy Family in Egypt*〕),布莱克认为这幅画“在许多方面”都是他最好的作品。在 1803 年 7 月给巴茨的信中他写道:“我现在正在为你准备以下的绘画作品: 1. 耶弗他献祭他的女儿(Jephthah sacrificing his Daughter); 2. 路得与她的婆婆和姐妹(Ruth & her mother in Law & Sister);3. 坟墓中的三个玛丽(The Three Maries at the Sepulcher);4. 约瑟之死(The Death of Joseph);5. 童贞马利亚之死(The Death of Virgin

Mary);6. 圣保罗布道(St Paul Preaching);7. 神圣的天使为亚当和夏娃穿上兽皮外衣(The Angel of the Divine Presence clothing Adam & Eve with Coats of Skins)。

“所有这些都有很大的进步,我很满意自己提高了很多,并将在有生之年继续提高,这是一个祝福,我从未这么感激过上帝和人。”第 5 和第 7 幅画确实可以排进布莱克最精美的作品之列。

布莱克同样也曾为其他“雇主们”工作:“但是没有人能够了解我在海岸边度过的三年休眠期的精神行为,除非他已经在精神上看见了它们,或者除非他阅读过我描述这些行为的长篇诗歌;因为我在这三年中围绕一个宏伟的主题创作了大量的诗歌,类似于荷马的《伊利亚特》或弥尔顿的《失乐园》,人类和机器(Persons & Machinery)对地球居民(有些人除外)来说是全新的。我根据直接的口述写下这首诗歌,每次写十二行、二十行或三十行,没有经过构思,甚至还违背我的意愿;因此,可以认为不需要时间来写,就有了一首伟大的诗歌,它看起来是漫长一生的劳动,但这一切不需要劳动或学习就创作出来了。我提到这一点是为了指出我认为把我带到这里来的伟大原因(Grand

Reason）。”

诗歌《弥尔顿》当然是漫长一生的劳作：布莱克自己的。他广泛的阅读，他对待诗学和道德问题的充满激情的想法，他对人类和自然的持续不断的观察，结出了果实。布莱克本人就是想象国度中的精神旅行者，在那里：

……婴儿在欢乐中的诞生
是在可怕的痛苦中产生的；
正如我们在欢乐中收获的果实
是我们在伤心的泪水中播种的。

与柯尔律治一样（如果没有他在阅读哲学、诗歌以及其
他数不胜数的书籍时储备的思想和想象力，鸦片是无
法引发他创作诗歌《忽必烈汗》〔*Kubla Khan*〕的），布莱 155
克创作他那伟大的诗歌时毫无费力，这是他长年劳作
的回报。

《弥尔顿》的主题是作为一种救赎方式将我们从“自我之撒旦”的暴虐法则，从“自然宗教”的缔造者，从道德法则的创造者中救赎出来的诗意的灵感。这首

诗我已经阅读过很多遍了，尽管在《耶路撒冷》中可能存在更加宏大的主题，但《弥尔顿》是布莱克所有长篇诗歌中最令人愉快的一首。人们可以从关于花朵、昆虫、树木和鸟儿的优美段落中感受到费尔珀姆的自然之美产生的影响，其中同样还有一些可以与弥尔顿本人的作品相媲美的富于雄辩的段落。

《弥尔顿》的版画整体上不如《耶路撒冷》的版画那么壮丽，但也有两三幅是非常精美的。在版画 18 中，诗人将拿着律法书的、读者熟悉的人物形象尤里森（撒旦）拽倒了。版画 16 描绘了一个“受启示的人”，一个米开朗琪罗式的裸体人，在“灵感的壮丽”中抛弃了“记忆腐烂的破布”。版画 42 描绘了一只鹰，有些类似于布莱克为海利设计的那只鹰的形象，它正盘旋在两个躺在海水冲刷过的岩石上熟睡的人的上空。版画 32 和 37 描绘的是同样的事物，然而是反向的：前一幅作品中描绘了威廉这一人物形象，处于白天的光线下，一颗星星或彗星正向他的脚坠落；在另一幅反向的版画中，罗伯特处于夜晚的神秘中，是对应于威廉的人。这也许暗示着罗伯特是“永恒中的作者”之一，他将诗歌口述给他的凡人兄弟。

130 《弥尔顿》，约 1804-1808 年。版画 18

毫无疑问，这些蚀刻版画是在布莱克返回伦敦之后创作的，大概在一八〇三年年底——也许还有其他
158 一些作品也是在这一时期创作的；扉页上标明的日期是一八〇四年，但是现存的三份副本都是一八〇八年之后印刷的。

布莱克对弥尔顿终生的、亲密的感情同时也是对后者的一种赞赏，对布莱克来说，弥尔顿正是"受启示的人"的典范和榜样，但他与作为清教主义神学家的弥
34 尔顿意见不一致。在《天堂和地狱的婚姻》(1790－
35 1793)中，布莱克已经表明了他持异议的根据：弥尔顿
36 允许理性恶魔抑制欲望的能量："那些抑制欲望的人这样做是因为他们的欲望已经虚弱得足以抑制，抑制者或理性篡夺了它的地位，并统治不甘愿者……这一历史被写进《失乐园》中，那个统治者或理性被称作弥赛亚。"但"双方都接受了这一历史。确实，在理性看来，欲望似乎被驱逐了；但魔鬼的解释是，弥赛亚堕落了，并用从深渊中偷来之物建造了一个天堂"。

这种篡夺，以及按"五种感官的体系"建造地狱便是《弥尔顿》的主题。通过揭露欺骗者，诗人布莱克承担起将诗人弥尔顿("受启示的人"的典范)从理性主

义、从人类的自我意识，从布莱克所说的“自我”(selfhood)的束缚中解放出来的任务。很久以后，在一八二五年，布莱克对日记作者克拉布·鲁宾逊说：

“我在想象中见到了弥尔顿，他告诉我要注意别被他的《失乐园》误导。他尤其希望我指出他学说中的错误——性快乐来自人类的堕落。堕落并不能带来任何快乐。”

达雷尔·菲吉斯(1925 年出版的《威廉·布莱克的画作》的编辑)认为布莱克为弥尔顿的诗歌所创作的第一个设计是单独的分色清绘作品，名字是《撒旦看亚当和夏娃亲热》(*Satan watching the Endearments of Adam and Eve*)。“没有翅膀的撒旦飘浮在这一对亲热的爱人上空。他双手抱着他的头①，惊骇地注视着这‘性的快乐’，在这里看到了堕落前的演练。”

布莱克为《科摩斯》(*Comus*)创作了两组水彩画，134
其中一组肯定始于费尔珀姆时期；因为布莱克在一八 135
〇一年给弗拉克斯曼写信道，有一个朋友——“托马斯

① 这句话原文是“He holds his head in his hands”，但从相关的图中可以看到，这句描述并不准确，撒旦的手抱着的是蛇的头，而且是单手。

先生”——委托他创作一组设计，由弗拉克斯曼转交。这两组画作都没有标明日期。

一八〇七年，布莱克一完成他自己的诗歌《弥尔
131-2 顿》，就开始创作关于《失乐园》的第一系列插图。在接
下来的一年中，他为巴茨创作了另一个更优质的系列。
在这两个系列中，关于性快乐存在于人类的堕落之前
这一最初构想被保留了下来。布莱克写道，在《天堂和
地狱的婚姻》中，那个“天使长的原型，或是天兵的指挥
者，被称作恶魔或撒旦，而他的孩子们被称作罪恶和死
160 亡。但是在《约伯记》中，弥尔顿的弥赛亚被称作撒
旦”。布莱克为《快乐的人》(*L'Allegro*)和《哀愁的人》
(*Il Penseroso*)所作的插图(1816)有可能是巴茨从他那
里购买的最后的作品。《快乐的人》的插图作品中包含
着云雀这一“精神形象”，它在诗歌《弥尔顿》中是布莱
克对诗意灵感的象征，飞向弥尔顿“在天空中的瞭望
136 塔”。为诗歌《基督诞生的早晨的赞美诗》(*Hymn on the*
137 *Morning of Christ's Nativity*)所创作的插图，其中包含了
美丽的《和平降临》(*Descent of Peace*)，它属于布莱克更
早时期作品，大概创作于一八〇九年。

133 有关《复乐园》(*Paradise Regained*)的包含十二幅

插图的系列属于约翰·林内尔(1792-1882),这位更年 138
轻的艺术家是布莱克晚年时的朋友(参见第 183 页),
这表明这些插图作品与《快乐的人》和《哀愁的人》的插
图大概是在同时期(一八一六年)创作的。布莱克清晰
地展现了如何用人类理性和道德律法的世俗智慧识别
撒旦。在《基督的不安的睡眠》(*Christ's Troubled Sleep*) 138
中撒旦和尤里森具有同样的形象,在《阿尔比恩女儿们 50
的异象》的扉页上,尤里森追逐着奥索恩,他是布莱克
笔下性自由的雄辩的辩护人。在他的《弥尔顿》中,诗 130
人(版画 18)正在向下拖拉人物也具有同样的形象。正
如菲吉斯所指出的那样,《基督的不安的睡眠》是《约伯
记》中更可怕的异象的铺垫(版画 11):"在梦中,你在 163
我床头上方恐吓我,用异象吓唬我。"

在这里我们视"弥尔顿的弥赛亚"为欺骗者,他恶魔的脚暴露了他真正的本性。自始至终,布莱克都坚持他的主张,即自然神论的上帝——"自然宗教"——是先知和"想象之耶稣"的永恒福音中的撒旦。

对布莱克来说,为了利益而牺牲作为一个艺术家的真诚,这是不可能的事情。与海利相处的那几年,他曾试图让自己的良心沉默下来,去服从他"物质世界的

131 《诱惑和夏娃的堕落》,《失乐园》中的插图,1808 年

132 《撒旦看亚当和夏娃亲热》,《失乐园》中的插图,
1808 年。最终完成版

133 《复乐园》，约 1816-1818 年。《撒旦诱惑基督将石头变成饼》

134 《魔法宴会和着魔的女士》,《科摩斯》中的插图,约 1801 年

135 《科摩斯和他的狂欢者们》,约 1801 年

136　出自《基督诞生的早晨的赞美诗》，约 1814－1816 年。《牧羊人和天使合唱班》

137　出自《基督诞生的早晨的赞美诗》，约 1814－1816 年。《和平降临》

138 《复乐园》,约 1816-1818 年。《基督的不安的睡眠》

朋友们”提出的有利建议。起初,布莱克“竭尽全力”将“我的脚拴在责任与现实的世界上,但纯属徒劳!我绑得越紧,镇重物就变得越重,因为我不但不会被拉下来,还会带着世界一起飞,而且世界似乎比风中滚动的羊毛球还要轻。……唉!片刻时光中可怜的、幸福而又无用的苦工,这就是我!谁能把我从这种虚度与浪费的状态中解救出来?”

但布莱克心里明白那个为了利益而催促他遵循“责任和现实”的声音是恶魔的声音。在他来到费尔珀姆六个月后,大概在一八〇二年一月,他向巴茨吐露,那些赋予他灵感者是不会让他逃离他们的:“我每日每夜都在天使们的指引下,但这类事情的本质并不像有些人认为的那样,是无忧无虑的。诱惑在右手边和左手边;后面,时间和空间的海洋在咆哮着,迅速地跟了上来;那些没有保持正确前进的人迷路了,如果我们的脚步滑进了泥土,除了恐惧和颤抖,我们还能做些什么?……但如果我们惧怕听命于我们的天使,因摆在我们面前的任务而颤抖;如果我们因为自然的恐惧或自然的欲望而拒绝精神的行动!谁能描绘出这种状态下痛苦的折磨呢!”

而且最终——这次不是神话也不是隐喻——布莱克做出了他的决定，在这种情况下是英勇的（还是在给巴茨的信中写道）：

“现在，我亲爱的先生，恭喜我返回伦敦，带着海利先生的完全认可，带着承诺——但是，唉！

“现在我可以对你说那些或许我不敢对其他任何人说的话：在伦敦我能不受干扰地独自进行我的异象研究，并且，我可以与我的朋友们在永恒中交谈，观看
异象，做梦，预言，讲无人留意的寓言，不受其他凡人的 165
怀疑；怀疑也许是源于善意，但怀疑总是有害的，尤其是在我们怀疑我们的朋友们时。基督对这一观点坚定不移，‘不与我相合的，就是敌我的’。并不存在中立或中间状态，如果一个人是我精神生活的敌人，却要假装成我肉体上的朋友，那他便是我真正的敌人……”

第九章　阿尔比恩的异象

布莱克在四十五岁的时候从费尔珀姆返回伦敦，并在接下来的几年里将物质上的失败转化为精神上的胜利。正如他日后在他的笔记本中坦言的那样，恶魔掌管着钱袋子；但他却以勤奋和乐观的态度面对逆境： 166

我拥有精神上的快乐和健康
以及精神上的朋友和财富；
我有一个我爱的并且也爱我的妻子；
我拥有一切，除了身体上的富有。

我昼夜都看到上帝出现，
他从不转过他的脸。

罪恶的原告站在我身边
我的钱袋抓在他的手中。

布莱克没有前往兰贝斯，而是去了他的故乡，在南莫尔顿街 17 号的一楼租下了一个住处。这里就是他日后将近十七年的家。但这一次不再是一所房屋，甚至也不是有着六个房间的小屋。布莱克落魄了，但他的需求很少，而且他没有子女，在当时的环境下这对他的艺术和异象而言都是幸运的。怀着重新燃起的希望，布
139 莱克为一首新诗《耶路撒冷：巨人阿尔比恩的流溢体》（*Jerusalem: The Emanation of the Giant Albion*, 1804）制作了壮丽的扉页版画。

我们无法获知，布莱克是否在费尔珀姆期间就已经开始创作这首诗歌，如果是的话，那他在那里创作了多少呢。但是，与《弥尔顿》呼吸着乐园般的小屋的空气一样确定的是，《耶路撒冷》反映了伦敦阴郁的壮丽：

在费尔珀姆我听到和看到了阿尔比恩的异象
我在南莫尔顿街写下了我在人类的领域内，
在伦敦开放的街道上所看到和听到的。

139 《耶路撒冷》,1804-1820 年。版画 26

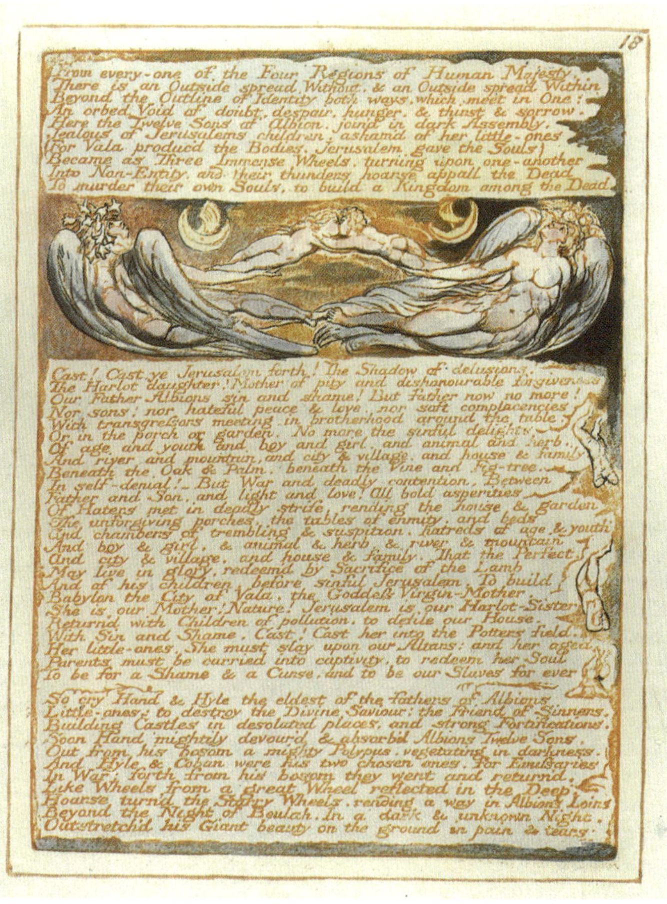
18

From every-one of the Four Regions of Human Majesty,
There is an Outside spread Without, & an Outside spread Within
Beyond the Outline of Identity both ways, which meet in One:
An orbed Void of doubt, despair, hunger, & thirst & sorrow.
Here the Twelve Sons of Albion, joind in dark Assembly,
Jealous of Jerusalems children, ashamd of her little-ones
(For Vala produced the Bodies, Jerusalem gave the Souls)
Became as Three Immense Wheels, turning upon one-another
Into Non-Entity, and their thunders hoarse appall the Dead
To murder their own Souls, to build a Kingdom among the Dead

Cast! Cast ye Jerusalem forth! The Shadow of delusions!
The Harlot daughter! Mother of pity and dishonourable forgiveness
Our Father Albions sin and shame! But father now no more!
Nor sons! nor hateful peace & love, nor soft complacencies
With transgressors meeting in brotherhood around the table,
Or in the porch or garden. No more the sinful delights
Of age and youth and boy and girl and animal and herb,
And river and mountain, and city & village, and house & family.
Beneath the Oak & Palm, beneath the Vine and Fig-tree.
In self-denial!—But War and deadly contention, Between
Father and Son, and light and love! All bold asperities
Of Haters met in deadly strife, rending the house & garden
The unforgiving porches, the tables of enmity, and beds
And chambers of trembling & suspition, hatreds of age & youth
And boy & girl, & animal & herb, & river & mountain
And city & village, and house & family. That the Perfect,
May live in glory, redeemd by Sacrifice of the Lamb
And of his children, before sinful Jerusalem. To build
Babylon the City of Vala, the Goddess Virgin-Mother.
She is our Mother! Nature! Jerusalem is our Harlot-Sister
Returnd with Children of pollution, to defile our House,
With Sin and Shame. Cast! Cast her into the Potters field.
Her little-ones, She must slay upon our Altars: and her aged
Parents must be carried into captivity, to redeem her Soul
To be for a Shame & a Curse, and to be our Slaves for ever

So cry Hand & Hyle the eldest of the fathers of Albions
Little-ones; to destroy the Divine Saviour; the Friend of Sinners,
Building Castles in desolated places, and strong Fortifications.
Soon Hand mightily devourd & absorbd Albions Twelve Sons.
Out from his bosom a mighty Polypus, vegetating in darkness,
And Hyle & Coban were his two chosen ones, for Emissaries
In War: forth from his bosom they went and returnd.
Like Wheels from a great Wheel reflected in the Deep.
Hoarse turnd the Starry Wheels, rending a way in Albions Loins
Beyond the Night of Beulah. In a dark & unknown Night,
Outstretchd his Giant beauty on the ground in pain & tears;

140 《耶路撒冷》,1804-1820 年。版画 18:瓦拉,耶路撒冷和他们的孩子们和解了

141　《耶路撒冷》,1804-1820 年。第 53 幅版画(局部细节):瓦拉坐在一朵向日葵上。这一人物形象令人联想起摩尔的《印度万神殿》中描述的莲花宝座上的印度神明,并且证实了布莱克对用以表达想象的“所有民族的宗教”的兴趣

142 《耶路撒冷》,1804-1820 年。版画 28:一个试印版本的局部图,约 1820 年

这首有着精美雕版页的伟大诗歌，很多年来都陪 167
伴着布莱克。似乎是诗歌才写好很小一部分时，他便
设计好扉页了。据说骚塞在一八一一年的时候就见过
这首诗歌的一部分：“一首叫作《耶路撒冷》的完全疯狂
的诗歌”。布莱克所印刷的五个副本，都是在一八一八
年之后印刷在带水印的纸上的，凯恩斯认为直到一八
二〇年布莱克仍在继续为诗歌增添内容。他只为其中
一份副本上了色。这有可能就是布莱克在于一八二七
年写给乔治·坎伯兰的信中提到的那个副本：“我创作
的最后一个作品是一首名为《耶路撒冷：巨人阿尔比恩
的流溢体》的诗歌，但我发现印刷它需要花费的时间得
值二十基尼。我已经完成了一本。它包含一百幅版
画，但我似乎不大可能为它找到一个客户。”

布莱克没有找到。在凯瑟琳·布莱克去世后，这
本华丽的图书转到了弗雷德里克·泰瑟姆手上。有另 168
外几页极其美丽的彩页，明显出自另一个设计好的副
本，它们在色彩和主题精神方面存在着不同，正如《天
真之歌》两个副本之间不同一样。

作为一首诗歌，与其说它是一部“锻金和镀金”——布莱克最伟大的信徒叶芝在其中锻造了他的

风格——的作品，不如说是一座金矿。布莱克的“异象”并不受制于时间，它们是永恒的；布莱克描述它们时，是把它们当作一个整体的各部分——正如一个球体表面的各部分一样，所有部分到中心都是等距的——而不是按照在这个世界上我们通常受其限制的时间顺序来描述的。它们像梦一样以单独的象征性情节或影像出现在布莱克的脑海中，有些人试图按时间
170 顺序来叙述，但材料本身并不适合这种顺序，就像一系列生动的梦，也许所有的梦都与一个呈现出来的情形有关，但并没有形成一个连贯的叙述。很多年以来，布
140-8 莱克都在为《耶路撒冷》添加新的内容，插入的一些段落本身可能很不错，但长远来看却破坏了诗歌的连续性。

每一页看上去都是美丽的，有一些甚至是华丽的。手稿中图案的装饰比例像《天真与经验之歌》中的一样完美。这些精心创作的页面，与爱德华·扬的《夜思》比例失调的插图页，乃至格雷的比例过大的页面之间的差距再明显不过了。一个单独的灵感赋予文字和设计相同的特质。

然而，其中一些主题却十分晦涩难懂。版画 11 中

有着天鹅脑袋的少女菲诺拉(Finola),利尔(Lir)的女儿,是被她的继母、页面文字中提到的萨布丽娜(Sabrina)变成了一只天鹅吗?版画29中那些拉犁耕地的人头马是谁?版画41中那个有着巨蛇轮子的战车是什么?那张可怕的脸是谁的,它似乎属于一个世纪后的表现主义艺术,周围环绕着像是孔雀羽毛之类的东西?

作品《耶路撒冷》中的页面是最具有布莱克风格的。其中的人物形象被布莱克用其充分发展和简化的线型形式描绘出来,即一种不表现体积的轮廓略图,罗杰·弗莱不喜欢这种形式,但它却完美地适用于布莱克发明的新技术。线型装饰本身就是一种书写手法,它能够与文字手稿和谐地融为一体。就像某些《神曲》的绘画,这些或宏伟、或怪诞或可爱的表现形式描绘出了灵魂的内在状态。

布莱克可以是可怕的,但他绝不像他的朋友菲尤泽利那样,是下流的;他从未将邪恶描绘成诱人的模样,并以此来煽动邪恶,而只是本着但丁的精神,用先知般的纯粹来表现它。

在《耶路撒冷》中,布莱克完成了从米开朗琪罗式

的形态向线型形式的简化。这是布莱克创作的风格，
144 以其自身的方式得以完全实现，例如版画 97，让人想到
145 后来的鲁奥这类艺术家。许多版画，如版画 32《瓦拉和
146 耶路撒冷》（*Vala and Jerusalem*）和版画 99《灵魂与上帝的结合》（*The Union of the Soul with God*），都十分华丽；其中能看到生命能量的一切古老的流动，但带有一种新的异象之壮丽和成熟。正如安东尼·布伦特所写的那样："重获天真是不可能的，但艺术家在这里表达了人们在穿越经验的黑暗阶段后，通过爱和想象能够追求的最终状态。"

相较于那些包含文字和装饰图案的版画，几幅单独的版画完成的质量更高，例如卷首的版画——画中一个男人通过一扇黑暗的门进入尘世生活的"坟墓区域"，以及版画 26 中那个被火焰包围的形象（沃克？）。对被钉死在生命之树上的耶稣面前的阿尔比恩形象的
177 刻画（版画 76），是我所知的关于凡人与圣人之间关系
147 最动人的描绘。它具有一幅圣像画的完整性，其中不存在任何多余的和缺失的部分。

在南莫尔顿街居住的那些年，《耶路撒冷》就是布莱克的生活，但并不是他的生计来源。布莱克在离开

62

Repose on me till the morning of the Grave. I am thy life.
Jerusalem replied. I am an outcast: Albion is dead;
I am left to the trampling foot & the spurning heel!
A Harlot I am calld. I am sold from street to street!
I am defaced with blows & with the dirt of the Prison:
And wilt thou become my Husband O my Lord & Saviour?
Shall Vala bring thee forth! shall the Chaste be ashamed also?
I see the Maternal Line, I behold the Seed of the Woman!
Cainah, & Ada & Zillah & Naamah Wife of Noah.
Shuahs daughter & Tamar & Rahab the Canaanites:
Ruth the Moabite & Bathsheba of the daughters of Heth
Naamah the Ammonite, Zibeah the Philistine, & Mary
These are the Daughters of Vala, Mother of the Body of death
But I thy Magdalen behold thy Spiritual Risen Body
Shall Albion arise? I know he shall arise at the Last Day!
I know that in my flesh I shall see God: but Emanations
Are weak. they know not whence they are, nor whither tend.
Jesus replied. I am the Resurrection & the Life.
I Die & pass the limits of possibility, as it appears
To individual perception. Luvah must be Created
And Vala; for I cannot leave them in the gnawing Grave.
But will prepare a way for my banished-ones to return
Come now with me into the villages. walk thro all the cities.
Tho thou art taken to prison & judgment, starved in the streets
I will command the cloud to give thee food & the hard rock
To flow with milk & wine, tho thou seest me not a season
Even a long season & a hard journey & a howling wilderness:
Tho Valas cloud hide thee & Luvahs fires follow thee:
Only believe & trust in me, Lo. I am always with thee;
So spoke the Lamb of God while Luvahs Cloud reddening above
Burst forth in streams of blood upon the heavens & dark night
Involvd Jerusalem. & the Wheels of Albions Sons turnd hoarse
Over the Mountains & the fires blazd on Druid Altars
And the Sun set in Tyburns Brook where Victims howl & cry.
But Los beheld the Divine Vision among the flames of the Furnaces
Therefore he lived & breathed in hope. but his tears fell incessant
Because his Children were closd from him apart: & Enitharmon
Dividing in fierce pain: also the Vision of God was closd in clouds
Of Albions Spectres, that Los in despair oft sat, & often ponderd
On Death Eternal in fierce shudders upon the mountains of Albion
Walking: & in the vales in howlings fierce, then to his Anvils
Turning, anew began his labours, tho in terrible pains!

143　《耶路撒冷》,1804–1820 年。版画 62

97

Awake! Awake Jerusalem! O lovely Emanation of Albion
Awake and overspread all Nations as in Ancient Time
For lo! the Night of Death is past and the Eternal Day
Appears upon our Hills: Awake Jerusalem, and come away

So spake the Vision of Albion & in him so spake in my hearing
The Universal Father. Then Albion stretchd his hand into Infinitude.
And took his Bow. Fourfold the Vision for bright beaming Urizen
Layd his hand on the South & took a breathing Bow of carved Gold
Luvah his hand stretch'd to the East & bore a Silver Bow bright shining
Tharmas Westward a Bow of Brass pure flaming richly wrought
Urthona Northward in thick storms a Bow of Iron terrible thundering

And the Bow is a Male & Female & the Quiver of the Arrows of Love
Are the Children of this Bow: a Bow of Mercy & Loving-kindness: laying
Open the hidden Heart in Wars of mutual Benevolence Wars of Love
And the Hand of Man grasps firm between the Male & Female Loves
And he Clothed himself in Bow & Arrows in awful state Fourfold
In the midst of his Twenty-eight Cities each with his Bow breathing

144 《耶路撒冷》,1804-1820 年。版画 97：洛斯

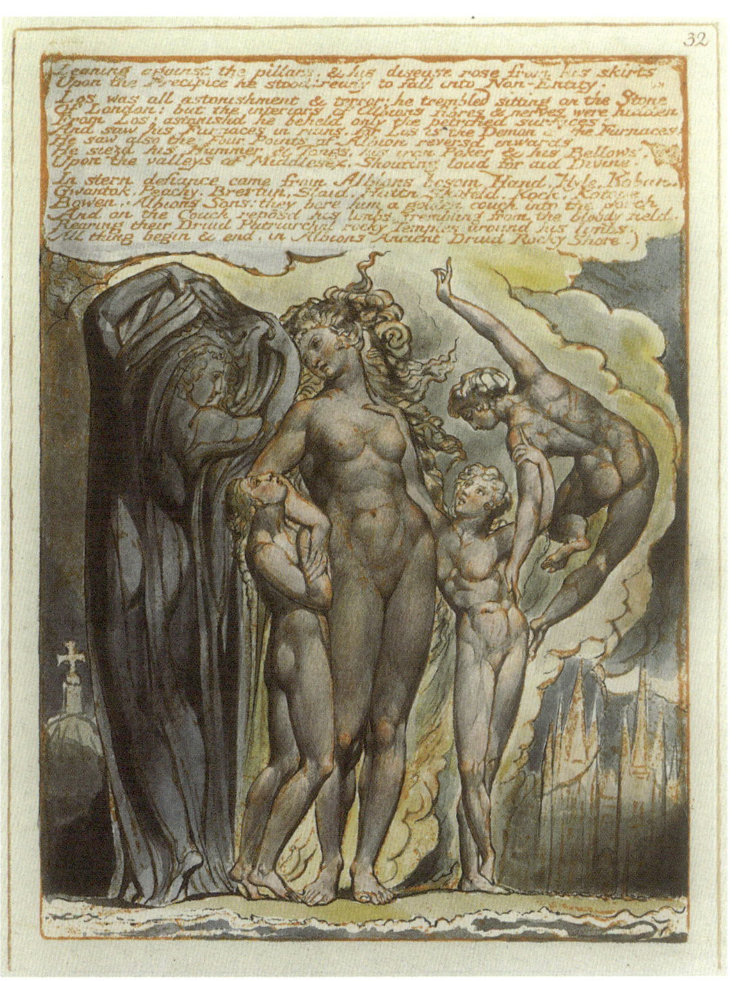

145　《耶路撒冷》,1804-1820 年。版画 32：瓦拉是圣保罗教堂的守护灵；耶路撒冷，是耶稣的新娘，是威斯敏斯特大教堂和精神宗教的灵魂

146 《耶路撒冷》,1804-1820 年。版画 99:《灵魂与上帝的结合》

147 《耶路撒冷》,1804-1820 年。版画 76:《阿尔比恩在敬拜基督》

39

By Satans Watch-fiends tho they search numbering every grain
Of sand on Earth every night, they never find this Gate.
It is the Gate of Los. Withoutside is the Mill, intricate, dreadful
And filld with cruel tortures; but no mortal man can find the Mill
Of Satan, in his mortal pilgrimage of seventy years
For Human beauty knows it not: nor can Mercy find it! But
In the Fourth region of Humanity, Urthona namd
Mortality begins to roll the billows of Eternal Death
Before the Gate of Los. Urthona here is named Los.
And here begins the System of Moral Virtue, named Rahab.
Albion fled thro' the Gate of Los, and he stood in the Gate.

Los was the friend of Albion who most lovd him. In Cambridgeshire
His eternal station, he is the twenty-eighth, & is four-fold.
Seeing Albion had turnd his back against the Divine Vision,
Los said to Albion. Whither fleest thou? Albion replyd.

I die! I go to Eternal Death! the shades of death
Hover within me & beneath, and spreading themselves outside
Like rocky clouds, build me a gloomy monument of woe:
Will none accompany me in my death? or be a Ransom for me
In that dark Valley? I have girded round my cloke, and on my feet
Bound these black shoes of death, & on my hands, death's iron gloves
God hath forsaken me, & my friends are become a burden
A weariness to me, & the human footstep is a terror to me.

Los answerd, troubled: and his soul was rent in twain:
Must the Wise die for an Atonement? does Mercy endure Atonement?
No! It is Moral Severity, & destroys Mercy in its Victim.
So speaking, not yet infected with the Error & Illusion

148 《耶路撒冷》,1804-1820 年。版画 39

费尔珀姆之后仍为海利工作，这是可以理解的，他们之间还有很多关于版画作品《罗姆尼生平》（*Life of Romney*）的通信，这是继《考珀生平》之后的另一部作品。（最终，在《考珀生平》中只有一幅版画是由布莱克设计并雕版，另外五幅版画是由其他艺术家雕版的。）弗拉克斯曼给海利的信中写道，他已经看到了“布莱克描绘的两三幅卓越的草图了”，并表示会确保布莱克的这些雕版与其他设计相适应。但这一切都毫无结果，海利雇佣了卡罗琳·沃森来代替布莱克，布莱克逐渐被从这一项目中逐出了。最终，在《罗姆尼生平》之后，布莱克只完成了十一幅版画中的一幅作品的雕版工作，而他所绘画和雕版的罗姆尼的肖像作品并没有被使用。

尽管布莱克很勤勉，但他一次又一次发现自己处于相似的境况下；并且在某种程度上，失败的名声会一直流传。

与此同时，一个显然更有前途的项目正在酝酿之中。一八〇五年，即布莱克返回伦敦两年之后，一个名叫克罗梅克的由雕版师转作出版商的人委托给布莱克一项任务，为布莱尔的《墓穴》创作一系列设计，并提出 149

由布莱克进行雕版。订阅者可以列满一份长长的清单，布莱克的声誉成了主要的吸引力。菲尤泽利，布莱克永远忠诚的朋友，撰写了前言。这份订阅者清单很长，其中有许多当时艺术界的著名人物。但克罗梅克在一获得布莱克的设计之后，便将它们交给了雕版师斯基亚沃内蒂，他是“平滑的”（这里使用的是布莱克赋予他的词语）巴尔托洛齐的一个学生。布莱克被双重地激怒了：一是由于对他作品的破坏，二是由于财务上的损失。据吉尔克里斯特估算，克罗梅克从此书的销售中获利一千八百英镑，其中有五百英镑付给了斯基亚沃内蒂，而给布莱克的只有二十英镑。

更糟糕的是，当看到布莱克在创作作品《坎特伯雷
150 的朝圣者》（*The Canterbury Pilgrims*）时，克罗梅克找到
了布莱克的老相识斯托瑟德，并把这个主题作为自己
的原创想法提供给他，却没有提及这是布莱克正在从
事的创作。然后，克罗梅克又适时地出版了由斯托瑟
德绘画的版画作品，为自身谋取了极大的利益。布莱
178 克与斯托瑟德的长久友谊在双方的愤怒中破裂了，他
再次被从他的作品中获得报酬的希望欺骗了。

一八〇九年，绝望的布莱克在位于布罗德街 28 号

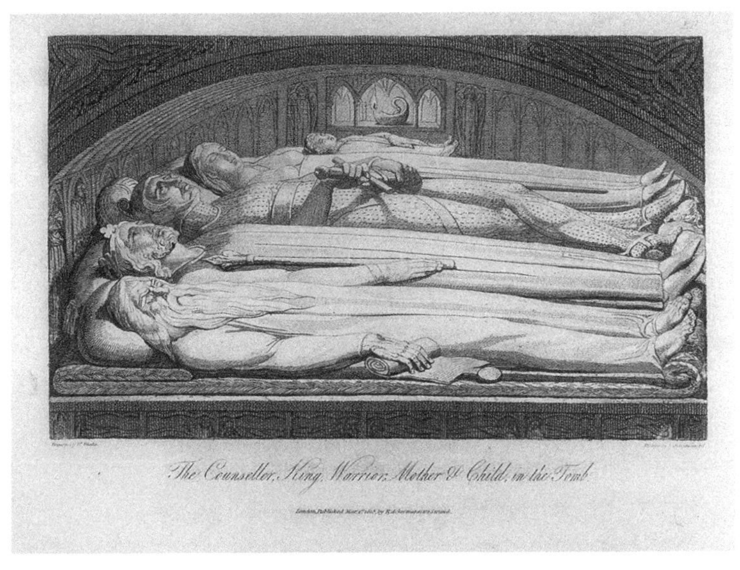

149　布莱尔《墓穴》的插图，1808 年，布莱克设计，但由斯基亚沃内蒂雕版。《墓穴中的顾问官、国王、勇士、母亲和孩子》

150　《坎特伯雷的朝圣者》，1810–1820 年。布莱克写道：“在英国已经完成的或可能完成的版画中，这幅是最精美的”

的他兄弟的商铺筹备了一场展览，他在那里展示了自己的《坎特伯雷的朝圣者》（一幅“湿壁画”），以及其他十五幅绘画作品。展览简介宣传称布莱克打算制作版画，邀请有意者订购。但布莱克远不是克罗梅克这种人的对手，只有少数人来参观了这个鲜为人知的展览，而且只有三四份《描述性目录》的副本留存至今。那些来参观展览的人中有日记作者克拉布·鲁宾逊和查尔斯·兰姆（一个布莱克诗歌的崇拜者，也是柯尔律治的崇拜者）。值得称赞的是，相较于斯托瑟德的同名画作，兰姆更喜爱布莱克的《坎特伯雷的朝圣者》，他称其为“一部充满美妙力量和精神的作品，坚硬而冰冷，却不失优雅”。他也喜爱《描述性目录》这本书，并称布莱克对乔叟的“序言”中人物形象的分析是他曾经读过的对这首诗歌最好的评论。骚塞，像往常一样怀有敌意，将布莱克的绘画作品《古代英国人》（*Ancient Britons*；现已遗失）描述为“他最糟糕的绘画作品之一，它说得太多了”。这就是那幅在当时吸引了最多注意力的作品，兰姆在描述这次展览时提到了它。

不用说，布莱克的版画几乎没有订户。他的蛋彩画被忠诚的巴茨购买了。在有关布莱克的失败和蒙羞的故事中，最辛辣的讽刺是他从来都不是默默无闻的人；相反，他处于伦敦艺术世界的中心位置，并认识当时所有最著名的艺术家和雕版师。然而布莱克在他们成功的地方失败了，被那些天赋较差的人取代了，被他毕生的朋友们超越了。

雅各布·布罗诺夫斯基认为经济是布莱克失败的原因之一：他指出，随着低成本复制方法的发明，铜板蚀刻这一工艺便衰退了。但是戴维·埃德曼在看待这个问题的本质上可能更接近真相，确切地说，为什么布莱克在其他人——斯托瑟德、巴尔托洛齐、斯基亚沃内蒂等人成功的地方失败了？他伟大而独特的天赋质疑很多广为接受的价值观。他是参孙，注定要摧毁他那个时代的，建立在公认的思想、真理和陈词滥调基础上的文明。每个社会的人们都会联合起来消极抵抗真正的新事物，而布莱克的（或斯威登堡的）新时代至今仍处于分娩的阵痛中。

非常令人痛苦的是，布莱克在一八一四年雕版的并不是他自己的，而是弗拉克斯曼为《赫西俄德》（*Hesiod*）所作的设计；但想象他——那时候他一定在从事一些他最精美的设计作品的雕版工作，这里需要提 182

151 《纳尔逊的精神形象引导着利维坦，地上的诸民族都在它的缠绕中》。展出于1809年

152　绘画作品《拉奥孔》，1815 年，为里斯的《百科全书》中的一篇文章而绘

一下由巴茨委托的《快乐的人》和《哀愁的人》系列——
充满感激地为韦奇伍德陶瓷工厂的商品手册绘制汤锅
的画面，就几乎让人无法忍受。另一件苦工是为里斯
的《百科全书》（*Cyclopedia*，1819）做一些雕版。其中由
弗拉克斯曼（文章的作者）挑选的一个雕刻范例便是拉
奥孔雕像，这让五十七岁的布莱克前往皇家学院的古
152 董学院去为铸件绘图。他著名的《拉奥孔》版画正是这
次重返古老旧地的不朽成果。“什么！你在这里，布莱
克大师？”管理人菲尤泽利说道，“我们应该到你那里
去，向你学习，而不是你向我们学习。”泰瑟姆记录了这
次事件，并补充道，布莱克坐在学生们中间，怀着简单
而愉快的喜悦专注于他的工作。

第十章　解释者

在一八〇九年的布罗德街展览之后的六年时间 183
里，我们几乎不了解布莱克的踪迹。他继续默默无闻地生活在南莫尔顿街，不间断地忙于写作和绘画工作，尽管他卖出的画作不多。布莱克一定是在这个时期内创作了很多诗歌，然而在诗人去世后，它们都被布莱克夫人的遗嘱执行人弗雷德里克·泰瑟姆烧毁了。泰瑟姆真诚地崇拜布莱克，他在很久之后回想起与布莱克一起进行的第一次散步，认为“像是一场与先知以赛亚的散步”。但他是爱德华·欧文牧师（1792–1834）的“使徒教会”（‘Apostolic Church’）的成员，并有可能发现了布莱克的某些先知——也许是以赛亚，也许不是——与那些比较狭隘的教义互不相容。也许布莱克再也买不起铜板，将后期的手稿雕版成几乎没有购买者的彩色图书。但它们是，他说，“大天使的乐趣和研究”，“在别处出版，并且装帧精美”。

但从一八一八年夏季起，一个新的朋友圈子开始
聚集在布莱克周围。乔治·坎伯兰，尽管居住在布里
斯托尔，但并没有忘记布莱克，他向布莱克送去了一位
153 年轻的艺术家约翰·林内尔，林内尔将成为布莱克垂
暮之年的朋友和支持者。林内尔虽然还年轻，但具有
处理凡俗事务的能力，这一点是布莱克明显缺乏的。
与布莱克相见时，林内尔主要从事肖像画工作，并在肖
像雕版方面请求布莱克的帮助。通过林内尔，布莱克
后来（一八二四年）遇见了塞缪尔·帕尔默（那时十九
岁），相比其他人，他是布莱克某些异象最好的继承者。
帕尔默是他自己那一代年轻画家群体的核心人物，这
个群体名叫肖勒姆古人，之所以如此命名是因为塞缪
尔·帕尔默和他的父亲居住在肖勒姆，还因为他们彻
184 底反对他们时代的“现代”美学，并像布莱克那样渴望
回归到艺术“永恒的福音”中，回归到理想形式和理想
美的柏拉图式的和普罗提诺式的哲学中。后来成为流
行的肖像画画家的乔治·里士满，雕版师中的翘楚爱

德华·卡尔弗特(1799–1883;也是这一群体中最年长的成员),水彩画画家F. O. 芬奇(1802–1862)和画家及建筑师泰瑟姆兄弟,他们每周都聚在一起讨论他们的工作,还经常去肖勒姆,即帕尔默的"异象山谷",布莱克本人也至少有一次去过那里做客。林内尔(严格来说并不是肖勒姆群体中的一员)要比这些年轻的狂热者们年长一些,但他很早就是帕尔默的朋友了,帕尔默后来还成了他的女婿。

另一群较年长一代的新朋友中有风景画画家约翰·瓦利(1778–1842),水彩画画家亨利·詹姆斯·里克特(1772–1857)和詹姆斯·霍姆斯(1777–1860)。布莱克过去经常在约翰·瓦利位于蒂奇菲尔德街——从这里步行很轻松就能到南莫尔顿街——的家中会见这些新英国水彩画派的先驱和奠基者。从他们那里,布莱克学会了(他的传记作者吉尔克里斯特这样认为)"为他的绘画增添更丰富和更具深度的色彩"。林内尔曾是瓦利的学生,并且大概正是他,在与布莱克于一八一八年见面不久后,便将瓦利介绍给了布莱克。

最终,布莱克总算有一个朋友,也即瓦利,不认为他的异象是"疯狂的"。瓦利是一位占星学家,而且显

然是非常专业和成功的。就连习惯于怀疑的吉尔克里
斯特也承认他的预测精确得令人震惊。瓦利显然还学
习过其他一些深奥的学科,并且正是在他的激励和陪
伴下,布莱克才鼓起勇气去描绘(看起来是以一种轻松
154 的心态)那些怪异的“精神头像”,即他的一些精神访客
的真实素描。人们又一次想起了斯威登堡,他几乎每
天都在与逝者的灵魂交谈。这些绘画作品——可以
说,没有布莱克那些更加庄重的作品有想象力——拥
有一种更加逼真的特征,这至少证明了他那惊人的视
觉幻想能力。这些头像画阐明了布莱克自己的主张,
即“如果一个人没有用比他必朽的肉眼所能看到的更
强有力的、更完美的轮廓,更强、更美的光亮来进行想
象的话,他就根本没有在想象。这部作品的插图者称,
他所有的想象都比肉眼所见的任何事情更完美、更详
细和更有条理。精神是有组织的人”。

186 这些绘画通常采取的形式似乎源自布莱克的哥特式
研究,许多绘画都是关于国王和王后的:华莱士和爱德华
155 一世,以及其他历史人物,都刻画得栩栩如生。跳蚤幽灵
156 (The ghost of a flea)是一个令人难忘的可怕的嗜血恶魔。
林内尔为《十二宫相面术》(*Zodiacal Physiognomy*)复制了

153　约翰·林内尔为布莱克画的肖像画，1820 年

154 《教布莱克绘画的人》,这是布莱克为约翰·瓦利画的“精神头像”,约1825年

155 《一个跳蚤幽灵的头像》，约 1819 年

156 《跳蚤幽灵》,约 1819-1920 年

布莱克关于这个怪物的绘画(以及布莱克的其他"异
象"),以此作为双子座的一个面相类型。艾伦·坎宁安回
忆了瓦利(他大概比布莱克本人更真实地相信布莱克的异
象)如何描述这个构想:"一个有着强壮的身体和短脖子的
裸体形象——有一双渴望水分的炽热的眼睛,有一副堪比
谋杀犯的面容,它爪子般的手中抓着一个血淋淋的杯子,
似乎正渴望一饮而尽。我从未见过如此奇怪的形体,也从
未见过如此奇妙灿烂的色彩——一种闪闪发亮的绿色和
幽暗的金色,上了清漆的光亮面很漂亮。'但它究竟是什
么?''它是一个幽灵,先生,——一个跳蚤幽灵——这个东
西的精神化形象!''是说他在异象中看到了这一形象。'我
说道。'我将会把一切都告诉你,先生。有一天晚上我去
拜访他,我发现布莱克比往常更兴奋。他告诉我他看见了 187
一个绝妙的事物——一个跳蚤幽灵!"那你将它的形象描
绘下来了吗?"我问。"没有,确实,"他说,"我倒希望我已
经画下来了,但如果它再次出现,我一定会画下来的!"他
认真地看向房间中的一个角落,并说,"它在那里——把我
的东西拿过来——我会一直盯着它的。它过来了!它饥
渴的舌头从嘴里弹射出来,手里拿着一个盛着血的杯子,
上面覆盖着一层金色和绿色的鳞片。"——他像他所描述

的那样画下了它。’”

不论对这种能力作何解释，它都是布莱克天赋的组成部分。然而这种形象化似乎不是来自他想象的至高世界，“伊甸园”，而是出自某些过渡领域——叶芝的**变色龙之路**[①]——夸张地说我们在布莱克的所有描述中都能发现这一特征：精神个体的“更有力、更好的轮廓”。有时，因为我们习惯了肉体面纱的缄默（完全不存在于布莱克所创作的人物形象的面部和形体上），这种性格和表情上裸露的纯洁所拥有的效果就像一种精神上的冲击。从这个意义上说，在布莱克所描画的历
188 史人物或圣经人物中没有一个人的面部或形体没有表现出其特有的性格。

布莱克对人类性格和类型的兴趣在他的作品《坎

---

① 变色龙之路（*Hodos chameleontos*），是叶芝的自传之一《帘幔的晃动》（*The Trembling of the Veil*）第三章的标题，叶芝将这个来源于古代神秘文献的词译作“The Path of the Chameleon”，在该书其中一个版本的注释中，叶芝指出“Hodos Chameliontos”应写作“Hodos Camelionis”。本书作者的拼写异于这两种写法。“变色龙之路”代表的是多样性、易变性、混乱和不可预测性等。详情可参见叶芝的《自传集》（*Autobiographies*, ed. By William H. O’Donnell and Douglas Archibald, Scribner, 1999）中第二部传记的第三章。

特伯雷的朝圣者》(见本书第178页),以及他为《描述性目录》写的关于此作品的文章中得到了最清晰的表达。这里可以看出,他的性格观与占星学理论有一些密切的关联,这一理论是一门关于类型描述和分类的科学:

“乔叟笔下朝圣者们的性格代表了各个时代和各个民族的性格:正如一个时代衰落了,另一个时代兴起,这在凡人看来是不同的,在不朽者的眼中却是一样的。因为我们看到同样的特性在动物、蔬菜、矿物,以及在人类中一次又一次地重复出现,在相同的存在物中没有出现任何新事物,事件永远变化,物质永远无法忍受改变或衰退。”

与另一个唯灵论诗人叶芝(他阅读过巴尔扎克的全部作品,并且在《一个异象》①〔*A Vision*〕中凭借非凡的洞察力按照他的二十八种“月相”描绘了人类的类型)一样,性格描述是作为艺术家的布莱克的作品中强有力的、意外的元素。相比之下,布莱克的诗歌似乎纯粹与一个原型世界有关,在这个世界中没有“性格”的

① 有中译本,译作《幻象》(作家出版社,2006)。

位置。

就像经常发生的那样，当出现了一些内在的转变或发展时，外部环境也发生了改变。在他人生中更幸福的这段时期，布莱克（在一八二一年）从南莫尔顿街搬到了斯特兰德街喷泉院 3 号，这是他一个连襟的房子。布莱克住在那里时，它是一个“安静的庭院”，从那里可以瞥见泰晤士河。但在克拉布·鲁宾逊看来，这是一个肮脏的地方：

“布莱克正在一间小卧室里工作，在雕版——屋里光线明亮，窗外是个简陋的院子——除了他自己之外，屋内的一切都脏兮兮的，无一不暗示着贫穷……除了他坐着的那把椅子之外，房间里只有一把椅子。我的手一放在上面便发现，只要一拎它就会散成碎片。于是，我像个锡巴里斯人[1]那样微笑着说，‘你能让我享受一下吗？’然后我便坐在他旁边的床上。在我短暂停留的这段时间里，他丝毫没有表现出他意识到这一切甚至可能会让其他人感到厌恶——不是因为他本人，而

---

① 锡巴里斯人（Sybarite），意大利南部的古希腊城市锡巴里斯的居民，以耽于享乐闻名。

是他周围的一切。”

即便是克拉布·鲁宾逊，似乎都感觉到了“解释者之屋”——肖勒姆古人的成员们这么称呼那个一贫如洗的屋子（这个称呼来自班扬的《天路历程》）——非同寻常的环境。当塞缪尔·帕尔默来拜访布莱克时，经常会吻一下门槛。帕尔默回忆说，布莱克是“极少数不会因被忽视而沮丧的人之一，并且地位和身份也不能
为他的名声增添光彩。他居住在远离世俗荣誉之诱惑 190
的环境中，他没有接受伟大，而是授予伟大。他使贫困变得高贵，由于他的谈话和天才的影响，喷泉院的两间小屋变得比王宫的门槛更有吸引力。”

对布莱克年轻的学徒们来说，他最具开创性的一部作品是十七幅木版画系列，即为桑顿医生（1768－
1837）编辑的维吉尔《牧歌》（*Pastorals*）的学生版所作 157-60
的插图。（桑顿是一位医生，著名的植物学家和作家，他按照林奈植物分类体系写了几本有着优美插图的四开本和对开本图书。同时他也是瓦利的朋友，布莱克有可能是在瓦利的家中认识了他。）这些是布莱克仅有的木版画作品。“一个还只是木版画学徒的人制作了这些粗糙的、不依常规的作品”（根据吉尔克里斯特所

157-158　桑顿《维吉尔》的插图,1820-1821 年。未被切割的版本

159　桑顿《维吉尔》的插图,1821 年。《被强风袭击的树和被吹倒的庄稼》

160　为桑顿的《维吉尔》所画的草图,1820 年

述），它们具有伟大艺术的能量和创新，让人想起布莱克对阿尔布雷希特·丢勒的终生热爱，后者的《忧郁》（*Melancholia*；同样是受到弥尔顿的《哀愁的人》的启发）常伴于布莱克的书桌旁。

桑顿的出版商们嘲笑布莱克的作品。他们断言“这个人必定做不成更多的事情”，并让一个普通工人重新切割印版。至少这一次，布莱克要感谢那些物质世界的朋友们，他们使得这些可爱的作品没有被彻底损毁。在一个晚宴上，桑顿遇见了几位艺术家——托马斯·劳伦斯、詹姆斯·沃德、林内尔和其他一些人——他们全都表达了对布莱克作品的普遍赞美，尤其赞美了这套木版画。医生恢复了布莱克原先的设计，并为自己辩解道：“这部作品的插图是由著名的**布莱克**所绘，扬的《夜思》和布莱尔的《墓穴》中的插图，都是由他亲自设计并雕版的。之所以提到这一点，是因为这些作品展示的与其说是艺术，不如说是天才，而且深受一些著名画家的赞赏。”

出版商们在调整页面的时候，已经切掉了布莱克的十七块版中的十六块，幸运的是，在八块版中，校样保留了原作的完整和优美。在这些人间天堂的想象图像中或许隐约可以看到肖勒姆和回忆中的费尔珀姆？因为布莱克在肖勒姆拜访过帕尔默，并待在他家里。这些作品正是受到了卡尔弗特和帕尔默的启发，他们俩在技术方面都超过了布莱克，在构思上却没有。

塞缪尔·帕尔默于一八二四年在他的笔记本中记录了布莱克的木版画给肖勒姆圈子带来的强烈的、新的快乐：

“我坐下来，布莱克先生为桑顿的《维吉尔》（*Virgil*）所创作的木版画就放在我面前，我在思考如何用我无力的证言来肯定它们的优秀价值。我首先想到的是它们所表达的情感。它们是天堂中的小山谷、清幽之地和各个角落的异象；是情感充沛的诗歌中最优美音调的典范。我思考它们的光线与阴影，看着它们，我找不到任何词语来描述它。伟大的深度、庄严感，和 193
鲜明的色泽，用这些词来描述它们也显得平淡和片面。不同于这个世界中俗丽的日光，所有作品中的这种神秘而梦幻般的微光仿佛能穿透并点燃最深处的灵魂，并给人完全的、毫无保留的快乐。就像这个奇妙的艺术家的所有作品那样，它们拉开了肉体的帘幕，是所有最圣洁、最勤奋的圣人和贤者才有幸瞥见的景象，是为上帝的子民保留的那场安息。”

> 卡尔弗特和威尔逊，布莱克和克洛德
> 为上帝的子民准备了一场安息，
> 这是帕尔默的话语，但在那之后
> 混乱降临了我们的思想。

因此，叶芝将肖勒姆古人成员们的名字和布莱克教他们欣赏的克洛德联系在一起。

第十一章　他自己家庭中的国王和牧师

一八二一年，布莱克六十五岁时，林内尔委托他制 194
作二十二幅《约伯记插图》。林内尔曾经见过布莱克为 161-8
巴茨创作的相同题材的水彩画系列，于是他委托布莱克为自己绘制第二个系列。林内尔支付给布莱克每幅版画五英镑，这些钱能保障他的雕版工作。这些插图作品，以及后来未完成的《但丁》系列都是布莱克经久不衰的杰作；对我们来说如同巴赫的《B 小调弥撒曲》(*B-minor Mass*)或莎士比亚的《李尔王》(*King Lear*)一样耳熟能详，并且在构思上可媲美后两者以及那些他如此热烈赞美的佛罗伦萨画派的绘画。它们是雕版艺术中至高无上的杰作。简洁的笔画创作出了如同有着北极光的灿烂天空，赋予上帝的外貌以威严的旋风形象，这使得罗伯特·弗罗斯特笔下的夏娃惊呼：

这就是上帝。
我从布莱克绘画中的某处认识了祂。

倘若布莱克的赞助人海利不是一个愚蠢的利己主义者，他的朋友弗拉克斯曼也并不满足于通过交给布莱克粗劣的糊口工作来“帮助”他的话，我们也许就不会拥有来自这颗心灵——其嗜好在“世代的世界”中难能可贵——的如此伟大的其他作品？令人难过的是，正如海利和弗拉克斯曼没有注意到布莱克的天赋，作为塞缪尔·帕尔默的岳父，林内尔也没有注意到这位年轻人的天赋。

布莱克为林内尔制作的缩小版绘画的雕版花费了三年时间。他只在两三幅画中粗略地描绘了周围的装饰，并且这些装饰显然是根据雕版出来的设计构思的。在这些作品中，布莱克经常回归到《天真与经验之歌》中的哥特式风格上，通过他终生实践的精湛技艺将文字融入设计图案。

197 布莱克的《约伯记插图》不仅仅是一部关于圣经的

插图作品，它本身就是一个预言式的异象，一种精神上
的启示，同时也是一个个人的见证，其中包含了布莱克
关于基督教卡巴拉哲学、新柏拉图主义，以及西方神秘
主义传统的整体知识。它是布莱克对人类精神戏剧的
异象的一个完整陈述。真正的上帝是“内在的上帝”，
在每个人的灵魂内部得到崇拜，“神圣的人类”和约伯
具有同样的特征。“自我之撒旦”被允许去诱惑约伯。
正是这个自我，严重破坏了约伯的世界，当撒旦获得权
力时，内部的异象就会变暗，“内在的上帝”坠入精神失
忆的“死亡般的睡眠”中。（版画 5）撒旦终极的欺骗
（布莱克在《弥尔顿》中便表达了这一观点）是声称自己
就是上帝，即一个灵魂之外的神，自然法则的缔造者，
基于“对狮子和公牛的法则”的自然秩序建立了自然法
则。很明显，约伯的三个朋友是根据布莱克自己的天 198
神形象创作的：萨尔玛斯（肉欲的人），卢瓦（感觉的
人），尤里森（理性的人）。版画 12 中美好的人物形象 162
以利户（Elihu）——他在渐隐的群星中引来了黎明的第
一束光，让约伯充满希望地抬头仰望——很显然就是
洛斯，一个诗性的想象形象，他“在艰难时刻保持了神
圣的异象”。

164 在版画20中，被自我奴役的约伯所经历的悲伤像
一场梦一般消失了。布莱克自己也度过了长年的黑
暗，并明白了真理："虽然世间万物看起来是永恒的，但
众所周知，它们还不如影子那般永恒。"希伯来诗歌中
壮丽的自然诗意不仅表现在那些"在远处遥望的人"和
晨星上，也表现在巨兽和海怪之类壮观的兽形形象上
163 （版画15），这些兽形形象是布莱克对"邪恶，或能量"
的所有以蛇的形象呈现的狂热描绘中最伟大的，其"生
命在生命中得到快乐"。

这一系列的开头和结尾都象征性地表达了布莱克的信仰，即基督教是"运用想象之神圣艺术的身体和心灵的自由，想象就是真实、永恒的世界，而单调的宇宙只是永恒世界暗淡的影子……让每一个基督徒，尽其所能，在世人面前都能坦然和公开地致力于在精神上建造耶路撒冷"。在第一幅版画中，约伯和他所有的家人都在生命之树下"膜拜上帝"，树上悬挂着他们的乐器，像在加尔文教派的安息日上一样没被动过。在最后一幅版画中，每一个人都拿起他们的乐器，所有人都以一种对待精神事物的喜悦和不倦的勤勉在演奏和歌唱，这在布莱克看来正是基督教的本质。所有人都在

161 《子孙兴旺的约伯》，1825 年。《约伯记》版画 1：“约伯常常这样行”

162　《以利户发怒》，1825–1826 年。《约伯记》版画 12：“我年轻，你们老迈”

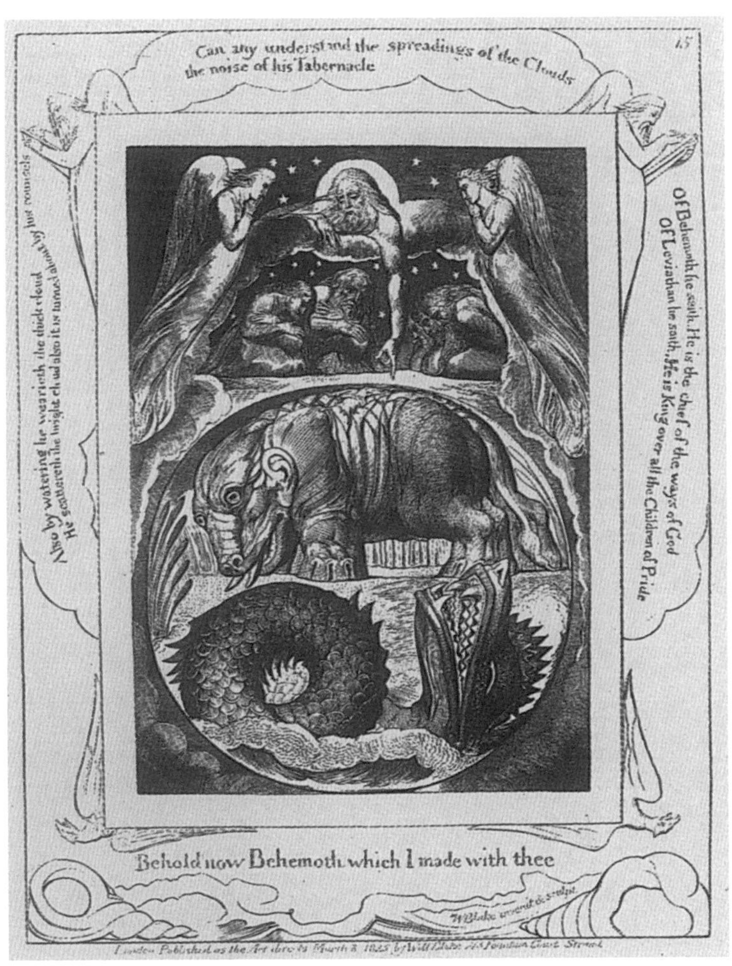

163 《约伯记》,1825 年。版画 15:“你且观看河马;我造你也造它”

164 《约伯记》,1825 年。版画 20:“约伯把他的经历说给女儿们听”

165　《撒旦击打约伯，使他长毒疮》，约 1826 年

The Fire of God is fallen from Heaven
And the Lord said unto Satan Behold All that he hath is in thy Power
Thy Sons & thy Daughters were eating & drinking Wine in their
eldest Brothers house & behold there came a great wind from the Wilderness
& smote upon the four faces of the house & it fell upon the young Men & they are Dead

166 《约伯记》,1825 年。版画 3:“撒旦降祸于约伯的子女们”

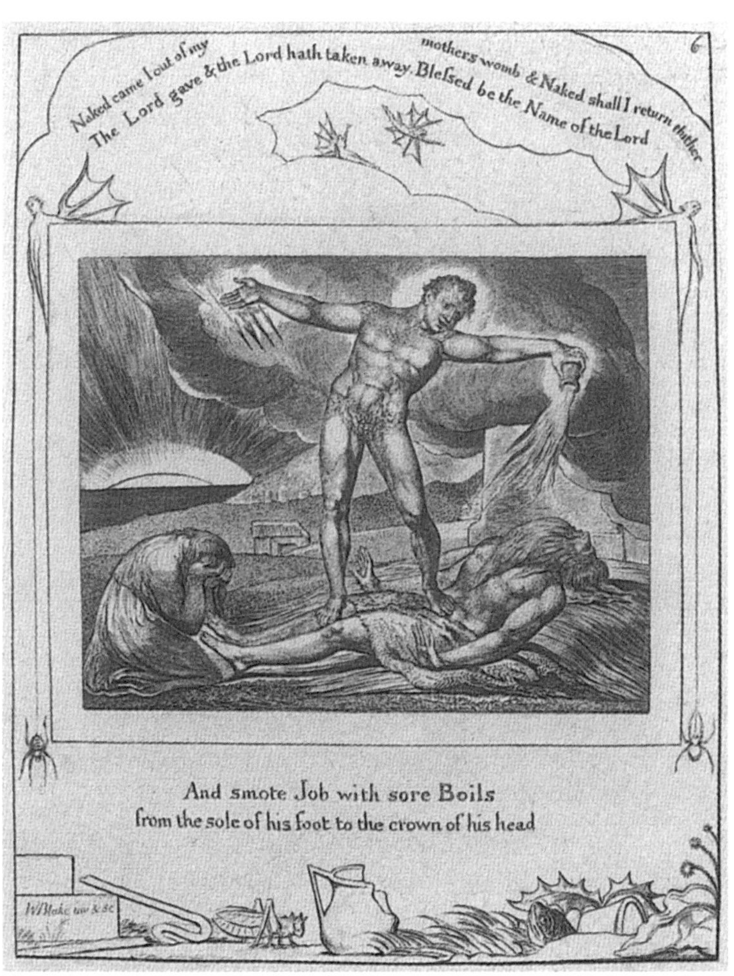

6
Naked came I out of my mothers womb & Naked shall I return thither
The Lord gave & the Lord hath taken away. Blessed be the Name of the Lord
And smote Job with sore Boils
from the sole of his foot to the crown of his head
W Blake inv & sc

167 《约伯记》,1825 年。版画 6:"撒旦击打约伯,使他长毒疮"

168 《约伯记》,1825 年。版画 13:“耶和华在旋风显现”

创作天堂音乐方面发挥着自身的作用。

在《最后审判的异象》(*A Vision of the Last Judgment*)中,《约伯记》中的许多版画都以精神图解的形式成形了。一个世界从另一个世界中敞开了:布莱克自己的象征性思想的那“四个世界”,或者说意识领域,源自犹太教神秘的卡巴拉哲学传统和新柏拉图主义中相似的四重宇宙观。

这两个水彩画系列的初稿几乎与终稿一样完美。版画创作是更伟大的工作,因为它们结合了宏伟的设想与高超的技艺,这是布莱克在雕版艺术方面长年实践的成果。布莱克完成这个系列时,他在雕版的实际过程中为其中的每一幅都加上了一个镶边,这令人想起他那些插图书,其中的文字和装饰物和谐地结合在一起。天使和魔鬼,昆虫和卷须围绕着设计图案,仿佛布莱克不愿放弃任何一块经过深思熟虑、满怀爱意地 200
制作的雕版。

《约伯记》系列得到了罗斯金的赞赏:“在想象和表达的某些特征方面,它是最顶级的。在获取某些光效的方法上……在表现耀眼和闪烁的光线方面,布莱克要比伦勃朗伟大。”

人们可能很想知道,布莱克在一八二一年出于何

种原因,以及为谁画了一幅关于一部新柏拉图主义神
169 话学著作——波菲利的《林中仙女的洞穴》的精美插图,布莱克在几年前便兴致勃勃地读了这本书(托马斯·泰勒的译文),这幅插图在兰贝斯作品中具有显而易见的影响力。阿灵顿府邸蛋彩画完全不是托马斯·巴茨喜爱的创作风格,大约在一八一〇年后巴茨购买的绘画作品就更少了——毫无疑问是因为他的房屋从地板到天花板都塞满了收藏的作品。也有可能是因为(正如达雷尔·菲吉斯认为的那样),布莱克在这段时期——他的自豪感因许多满怀希望开始的项目的失败而受到打击——或许是很难打交道的。几年前,当这幅绘画在德文郡的阿灵顿府邸被发现时,贴在画框上的标签写的是林内尔父亲的名字,但这未必意味着它属于林内尔或他的父亲。

人们有可能会认为这幅画是为乔治·坎伯兰而创作的,他是布莱克和波菲利的译者托马斯·泰勒的朋友。没有证据证明这就是事实,尽管这幅画是在英国西部被发现的,这一点支持这种看法,因为坎伯兰就住在布里斯托尔。

这部作品是布莱克晚期风格的优美范例。因为

169 《时空之海》,1821 年。为托马斯·泰勒翻译的波菲利作品《林中仙女的洞穴》所创作的插图。画中那个跪着的人物是奥德修斯,他正在将借来的腰带抛回给海之女神琉科忒亚。帕拉斯·雅典娜站在他的身后,手指向天堂的世界,灵魂从那里“下降”进入世代,居住在洞穴里的美丽仙女在织布机和梭子前工作,她们将灵魂织入凡人的衣服里。命运三女神站在通往“时空之海”的河口的水中,拉着海神福耳库斯高举的卷线杆上的纱线。阿特洛波斯手握着大剪刀。同样出自这幅作品的那些拿着空桶或满载之桶的人物形象正是对柏拉图寓言的图解

《约伯记》系列暗示了诸多意识世界或意识模式的相互渗透。波菲利将荷马的“林中仙女的洞穴”(奥德赛返回伊塔卡的情节中)解释为世代之秘仪(mysteries of generation)的圣地。人形的灵魂从一个光芒四射的世界“降落”到林中仙女的织布机上,并被织入尘世的身体。这幅绘画中的主要人物是奥德修斯和女神雅典娜,即神圣的智慧:这一人物与布莱克随后不久创作的但丁系列画中的人物不无相似之处。在太阳战车上熟睡的人物形象使人想起《约伯记》系列的版画 5 中昏昏欲睡的“内在的上帝”,头上顶着瓮的林中仙女们站在柏拉图的世代“洞穴”中,这让人联想到《约伯记》系列的版画 2 和版画 14 中的“洞穴”。对柏拉图来说,这两种情境中的“洞穴”都象征着这个世界。

看来,蛋彩画很可能是在《约伯记》系列之前不久画的。它同样也预示了布莱克要创作的最后一系列设计——在他不知疲倦的勤奋和对工作的乐趣减少之前,因为他的身体击垮了他——为但丁的作品创作插图。他简直是在他的临终之榻上做这些工作的。他创
201 作了超过一百幅绘画——其中很多只是草图——以及

七幅版画，也许其中没有一幅作品是完成了的，但它们仍然属于他最伟大的艺术作品。“你所谓的完成甚至还没有开始，”他曾大声向莫泽说，后者捍卫那些“微不足道的污暗和模糊”的“高度完成”的作品。因此，反而言之，我们在布莱克绘画生涯的开端就看到了他想象力的“神圣原作”的伟大构想。

在布莱克完成他的《约伯记》系列之后，正是林内
尔建议他创作一系列有关但丁作品的插图。帕尔默回
忆，一八二四年十月九日，他与林内尔前往布莱克家中
拜访：“我们发现他躺在床上，他烫伤了脚（或腿），走不 204
了路。他已经六十七岁了，却并不懒散，而是坐在铺满
书籍的床上，勤奋地工作着，像一位古代的德高望重的
长者，或临终前的米开朗琪罗。就这样，他在一本巨大
的工作簿（对开本）的书页上为他的（并不更优秀的）但
丁创作了最宏伟的设计……他在卧床养病的两周时间
内创作了它们（我认为有一百幅）。”

为了阅读但丁的原著，布莱克开始学习意大利语，
他将凯里（Cary）的译作（1805－1814）当作入门读物。 209
布莱克天生就是有天赋的语言学家，他能相当流畅地
阅读法文，并且也会一点拉丁文、希腊文和希伯来文。

170　但丁《神曲》的插图,1824–1827 年。《地狱之门上方的铭文》

171　《但丁的头像》，布莱克画的诗人头像系列中的一幅，用以装饰海利在费尔珀姆的藏书室，约 1800–1803 年

172　但丁《神曲》的插图，约 1827 年。《监狱中的乌哥利诺和他的儿孙们》

173 《神曲》,约 1825-1827 年。版画 41:《被魔鬼们折磨的钱保罗》

174 《神曲》,约 1825-1827 年。版画 12:《魔鬼们在战斗》

175 《神曲》,约 1825-1827 年。版画 10:《保罗与弗兰切斯卡》

176 《神曲》,约 1824-1827 年。《露西娅带着睡梦中的但丁》

177 《神曲》,约 1824-1827 年。《卢斯蒂库奇及其同伴们受罚》

178 《神曲》,约 1824-1827 年。《但丁和维吉尔在观看谄媚者的深渊》

179　《神曲》,约 1824-1827 年。《半人马和血河》

180　《神曲》，约 1824-1827 年。《但丁和维吉尔逃离魔鬼》

181　《神曲》,1827 年。《布索・多纳蒂被毒蛇攻击》

182 《神曲》,1827 年。《但丁的脚踢到博卡·德利·阿巴特》

183　《神曲》，约 1824–1827 年。《御前记录天使》

对布莱克而言，在“伟大的永恒”中但丁和弥尔顿 170-83
一样，是一个朋友和同伴，但布莱克在他身上（与弥尔
顿一样）仍然找到了许多严重的错误。“但丁看到恶魔
的地方我什么也没有看到。”布莱克对克拉布·鲁宾逊
说道。他认为但丁“只是一个政治家和无神论者，忙于
这个世界上的事务……但后来他谈及但丁的时候说他
与上帝同在”。布莱克为海利的藏书室画的但丁头像 171
的蛋彩画，其中一边有一个脚镣，另一边则是乌哥利诺
和他的儿子们在监狱里的景象——他在《天堂和地狱
的婚姻》中就已经描绘过这一主题。这幅画的文字说
明是：“哦神父，你的上帝会像这样复仇吗？”杰弗里·
凯恩斯拥有这部作品的另一个（后来的）蛋彩画版本，
画中仁慈的天使们注视着下方受苦的场景。布莱克批
评弥尔顿清教徒式的性道德观，批评但丁的残忍。他
们二者都是道德之神尤里森的崇拜者。布莱克对地狱
之门的描绘清晰地表明他理解但丁的地狱便是这个世
界，在这里，一个头戴铁冠的神职人员正跪在撒旦-尤
里森面前敬拜他。

尽管你受到崇拜，以耶稣和耶和华的
神圣之名，你仍然是
疲倦的夜晚消逝后清晨的儿子
山丘下迷失的旅行者的梦

这些熟悉的诗句中的“山丘”很可能就是但丁的炼狱之山，其下便是地狱。

布莱克对但丁的批评绝不是针对天主教信仰，相反，但丁使他感到惊骇的复仇道德观正是属于他自己的英国的理性自然神论，布莱克终其一生都在与之作精神上的斗争。吉尔克里斯特不情愿地承认，布莱克晚年显然不仅对哥特艺术，或某些天主教神秘主义者(尤其是阿维拉的德兰)怀有敬仰之情，而且也赞赏天主教：

“如果**必须**说的话，他没有去过教堂，而且我们也应该清楚他并不嘲笑那些神圣的古代宗教秘仪；尽管布莱克远离忠诚的宗教信徒团体，但他曾声称自己对教会的偏爱胜过任何宗派主义。有一次，他表达了对一个未受洗礼而死去的孩子应该感到的(如果他是其父母亲的话)担忧。一天，处于一种完全相反的情绪

中，我是这样认为的，布莱克宣称罗马教会是唯一教导 210
人们宽恕罪恶的教派。”

“宽恕罪恶”是基督教的基础，正如布莱克所理解的那样，我们发现这一概念从始至终都贯穿在他的作品中，并且这也是他约于一八一八年创作的《永恒的福音》（*Everlasting Gospel*）的中心主题。

但丁的地狱是灵魂的各种状态，处于不宽恕的“这个世界的上帝”，也即“控告者”的暴政之下：“现在存在着这些状态。人类会一代代逝去，但这些状态永存；他像一个旅行者一样穿过它们，可能会认为他经过的地方不再存在，正如一个人可能会认为他经历过的状态不再存在一样。”在这个意义上，然而也只在这个意义上，地狱是永恒的。

艾伯特·S.罗在他对但丁系列版画的评论（1953）中也从这个意义上阐释了这部作品，就像对待弥尔顿的作品和《约伯记》一样，在这部作品中，布莱克不仅绘画插图，而且将他原创作品的构想提升到一个新的意义世界。

但丁就是那个探索了这些“状态”的旅行者，他在前进，正如所有的精神旅行者们必做的那样，从这个世

184 《打扫解释者会客厅的男人》,约 1822 年

界的地狱之洞穴或墓穴出发(精神旅行从这里开始),穿过炼狱的循环(苦难在其中是可以忍受的,因为认识到它对净化灵魂不无作用),到达精神的光的世界。在布莱克看来,他穿越了包含着每一种可能的人类经历的"命运的循环"。

211 因此在这些状态中要将状态从个体中区分出来。
状态改变了,但个体身份从未改变或停止,
在那些永不泯灭之物中你不可能走向永恒之死。

布莱克还补充道:“想象并不是一种状态:它是人类存在本身。”

大约在一八二四年,有可能是受到肖勒姆古人聚
会的鼓舞,布莱克为班扬的《天路历程》创作了一系列
的水彩插图。其中一些有可能是他死后由布莱克夫人
完成的。他那雕刻在锡镴上的美丽作品《打扫解释者会 184
客厅的男人》(*The Man sweeping the Interpreter's Parlour*),
似乎大约是在同一时期完成的,是根据多年前被搁置
起来的一个铜板制作的。它的最终版本是布莱克所有
印刷品中最精美和最具有活力的作品之一。

布莱克的《最后的审判》表达了他自己对“命运的循环”,对天堂、地狱和炼狱的“状态”的看法。这个宏伟主题的第一个版本是布莱克在一八〇八年为埃格雷蒙特伯爵夫人绘制的作品,这是奥扎厄斯·汉弗莱为布莱克获得的一项委托工作。布莱克为这幅绘画作品写了两份描述:一份写给汉弗莱,以便递交给伯爵夫人;另一份是布莱克于一八一〇年写在自己的笔记本中的。布莱克在很久之前的领悟就已经超越了基督教的教义——恶人应待在永恒的地狱之中,而正直的人应得到永恒的祝福;并且他确实批评过(在《弥尔顿》

中）斯威登堡本人（他的宏伟人类的观念为布莱克普遍的集体人类王国的愿景提供了基础），因为他是“一个被教会剪掉头发的参孙”，并赞成这种野蛮的教义。

212 布莱克已经领悟了印度哲学和佛教“命运之轮”的更深奥的观念，即一切状态都是虚幻的，善与恶是相同的：

“……我不认为要么是正义或要么是邪恶处于一种至高的状态中，而认为两者都处于睡眠的状态，当灵魂跟着巨蛇离开天堂时，它可能会陷入善与恶的致命梦境中。”

布莱克在创作但丁作品的插图期间，也致力于他的《最后的审判》的最终版本，即大型湿壁画（现已遗失）的绘制工作。毫无疑问，通过这部作品，他试图对他的人类的“命运的循环”之异象做最后一次完整的表达，就其关联于“至高无上的状态”而言，其中“在王座的周围，天堂是敞开的，永恒事物显现出来的本质全都源于神圣的人性”。

在生命的最后几个月里，布莱克“对但丁过于着迷，以至于无法思考任何其他事情”。他完成的最后一
185 个设计是送给多年的朋友乔治·坎伯兰一张色彩明亮

185 为乔治·坎伯兰设计的名片,1827 年

的小名片。他年轻的朋友弗雷德里克·泰瑟姆委托他为自己制作了《远古》(这是布莱克异常喜爱的一件作品)的一个彩色副本。布莱克极尽完美地完成了这项委托工作,使其色彩与之前宏伟的原始设计中的色彩一样美丽;在临死之前的几天时间里,他仍然耐心地从事着这项工作。布莱克"一再地在画作上修整,一再地将其举到一定距离外打量之后,布莱克将它扔了出去,以一种胜利的兴奋喊道:'给你吧!那样就可以了!我无法修补它了'"。

当他说出这些话的时候——这个故事还没完——"他的目光落到他亲爱的凯特身上,她已不再年轻和美丽,但和他一起生活在这么简陋的房屋里,时时刻刻陪伴着他,永远都在提供帮助,充满虔诚的同情,如今已经四十五年了……‘别动!’他喊道,‘保持你现在的姿势!你永远是我的天使:我要将你画下来!’于是,一幅肖像画由一只濒临死亡的手——距离死亡只有几天时间——画了下来,这只手没有变得虚弱,也没有僵硬”。出自布莱克之手的最后一件作品就是这幅仓促完成的铅笔画(现已遗失),画的是他人生的艰难旅程中的忠实伴侣。在照亮了他的死亡的异象中,布莱克哼唱着他自己的赞美与欢乐之歌死去了,这异象也曾支撑并启发了他的人生。

附　录

威廉·布莱克*

一八六三年，即那个伟大的人去世三十六年后，亚历山大·吉尔克里斯特出版他的《威廉·布莱克生平》

* 这是本书作者凯瑟琳·雷恩早年写的一本小书，初版于 1951 年，收入"《英国图书新闻》关于作家及其作品的增补书目丛书"(Bibliographical Series of Supplements to 'British Book News' on Writers and Their Work)，并于 1958 年重印，1965 年修订再版。《英国图书新闻》创办于 1940 年，于 1993 年停刊，曾经是英国颇有影响力的书业杂志。这本小书是雷恩后续一系列布莱克研究著作的雏形，自有其重要性，译者趁翻译《威廉·布莱克评传》的机会一并译出，供读者参考。——编者注

时，他认为在开篇说明自己写这本书的理由是有必要的，因为他描写的是一位被人物词典，同样也被诗歌和绘画评论家们默默忽略掉的画家和诗人的生平。吉尔克里斯特引用菲尤泽利和弗拉克斯曼的观点，称“那个时代将会到来，那时人们会像现在对待米开朗琪罗的作品一样，追求和珍视布莱克最精美的设计作品”，他这么做使这两位杰出艺术家在评论方面的声誉面临巨大的风险——他们碰巧成功地幸免于这个风险；因为，在二十世纪上半叶，作为诗人和画家的布莱克声誉日隆，以至于人们开始怀疑，一幅新发现的米开朗琪罗的画作，是否会比一九四九年在德文郡的一处英国乡村住宅的旧家具中新发现的布莱克的画作能让更多的人高兴？（布莱克的许多最优秀的画作已经像废旧杂物一样闲置了一百年，其中有许多已经无法挽回地遗失了。）的确，米开朗琪罗的名字似乎总是以一种奇怪的方式与布莱克联系在一起。布莱克自己曾认为雅各布·波墨的一个神秘的图解可以与米开朗琪罗的相媲美，而米开朗琪罗是他亲自选择的用来衡量至高伟大的标准。如果说今天在英语诗人中威廉·布莱克能够与乔叟、莎士比亚和弥尔顿并列，并在英国的画家中占据一个独特的位置，这仍然难以解释为什么会如此，正如难以解释为什么波墨的图解像米开朗琪罗的一样伟大。作为一个画家，布莱克显然还无法和《亚当》的描绘者相比，作为一个语言大师，他可以与乔叟或弥尔顿相提并论，但仍然稍逊于莎士比亚。然而，所有这些奇怪的比较依旧是合理的。威廉·布莱克始终是英国历史上诞生的最杰出和最有影响力的天才之一。人们甚至可能说，布莱克是现代世界六位最伟大的天才之一。但在要求人们指出能够与西斯廷教堂中的绘画，或与《李尔王》相媲美的布莱克的一件单独作品时，他们几乎不会提到与上述绘画作品一样精美的《约伯记插图》，也不会提到《天真与经验之歌》——一堆零碎之物，就如流水中的泡沫一样易碎，像镭释放电子般，闪现出幻想的智慧。这就是以某种难以描述的方式呈现出来的威廉·布莱克的总体现象，隐藏于这个无名而圣洁的人的诗歌、版画、格言警句，和生活背后的异象，这些异象以某种方式表达了一个完整的、充满想象的、看起来几乎是无限的世界。这是一个人类高度的问题；在这个世界上，布莱克给人的感觉是这样一种精神存在：他们把自己关在加尔默罗会修道院的高墙内，藏身于乞丐的褴褛衣衫中，像《约伯记》的创作者一样，默默无闻地离开这个世界。

威廉·布莱克出生于一七五七年十一月二十八日，是布罗德街上一位体面的针织品商的第二个儿子。作为一对伦敦夫妇的孩子，布莱克在这座城市的中心区域度过了他的童年，而且除了有两三年在乡村度过之外，他几乎终生生活在这里。从孩童时起，他便了解这座大城市的脉搏，并称之为“一个令人敬畏的上帝的奇迹”。布莱克一生的绝大部分时间都居住在苏豪区(Soho)及其附近。塞缪尔·帕尔默曾说，布莱克在喷泉院贫穷的屋子“比王子的住所更有吸引力”。喷泉院是斯特兰德街和泰晤士河之间的一条小巷，靠近至今仍然存在的科尔·霍尔酒馆(Cole Hole Tavern)，但喷泉院本身很久之前就已经被拆掉了。

不论是生前还是身后，布莱克都在伦敦那跳动的心脏附近。他喜欢住在泰晤士河畔，兰贝斯、巴特西或斯特兰德。而友谊又将他带离这些地方，远至汉普斯特德，老年的布莱克经常去那里拜访画家林内尔，林内尔的孩子们会来接他，或者目送他借着防风灯的灯光，穿过乡间小路回到马车里。但即便是在汉普斯特德，他也会感觉自己站在一片陌生的土地上，因为这里离伦敦那条重要的动脉泰晤士河如此之远。泰晤士河是生命之河的显形，经常出现在布莱克的诗歌以及设计中。

对布莱克来说，伦敦既是家乡，也是学校，既是骚乱之城，也是天国之城。戈尔贡诺扎城，这个“精神上的四重伦敦”是布莱克关于英国民族“巨人阿尔比恩”之精神命运的预言式异象的主题和背景。人类受难的鲜血从城市的墙壁上流淌下来，天堂近在咫尺，以至于古代的预言者说，他曾经用手杖触碰过它。布莱克了解这座城市的巨大心脏、英国至关重要的中心的每一次搏动——英国仍然处于她的力量不断增长的时代，和更加糟糕的机器力量不断增长的时期，随着十九世纪的发展，机器的癌症将以致命的方式束缚巨人阿尔比恩的身体和灵魂。

今天，那些了解伦敦的人很难想象一个伦敦男孩能在苏豪区步行所及的范围内找到绿地、榆树林、小巷、小径和池塘，砖块和灰浆如今像众多扩散的癌细胞一样，已经在这个城市周围延伸了很多英里——虽然这座城市的许多特征仍然如布莱克所知的那般——并且已经彻底摧毁了佩卡姆·赖伊的树木和麦田，当布莱克还是一个小男孩时，他曾在那里看见天使在收割者中间行走。达利奇村庄（Dulwich Village）、坎伯韦尔（Camberwell）、纽因顿巴茨（Newington Butts）、锡德纳姆（Sydenham）、布莱克希思（Blackheath），一直到克罗伊登（Croydon）及更远处，都是布莱克少年时常去的乡村，但现在已经被淹没在大伦敦之中了。巴特西，他与他的妻子——一位蔬菜种植者的目不识丁的女儿相恋的地方，是一个人口稠密的工人阶级地区；只有那个教堂——威廉·布莱克在那儿与他的堪称文学史上的模范妻子结婚——仍然如以前一样屹立在河流南岸的一个泥泞的小岬角上。从巴特西教堂向河流的上游望去，你会看见一片工业景观，横跨闪着银光的忧郁的河流，那些古已有之的天鹅仍旧在拖船和驳船之间游动，或者在巴特西或切尔西河岸的泥潭中戏水。但教堂里仍然保留着那扇上面画有一只羔羊的窗户，这是那位为威廉和凯瑟琳证婚的教区牧师的作品，对那些熟悉布莱克赋予上帝的羔羊这一象征以深度意义的人来说，这个象征上的巧合可谓意味深长。

通常是那些居住在城镇和乡村之间的人，或是那些将乡村景色视作童年的记忆和失落的伊甸园之象征的人,对田园之美有着最强烈和最深刻的感受。华兹华斯第一次离开他的湖泊和群山之后,才意识到他与它们之间的关系有多么紧密;D. H. 劳伦斯居住在一个工业化的城镇上,但也位于乡村的边缘上,他以一种前所未有的强烈情感描写长着风铃草的林地、凤头麦鸡和干草地。布莱克早年的同时代人,如斯塔布斯和盖恩斯伯勒(Gainsborough),他晚年的同时代人,如康斯太布尔和特纳,以及他自己的学生们,即帕尔默、卡尔弗特和林内尔,在这些人的绘画作品中,十八世纪的英国乡村依然有着英国民族特有的富有想象力的天堂景观。在汤姆森的《四季》('Seasons')、考珀的《任务》('The Task')、华兹华斯的《序曲》('Prelude'),以及约翰·克莱尔(John Clare)的抒情诗歌中,英国式的想象把"自然"变成了家园。很显然,布莱克与他们都不一样,他认为自然本身并不是天堂,而只是一面镜子,在其中能看到灵魂的各种状态的镜像。但他也认为,田园世界同样是对美好生活的想象和表达,人类的外在本质和内在本质之间的和谐在其外观中,在耕作、播种和收割的传统劳作中得到表达。布莱克的田园世界，正如他在《天真之歌》《特尔之书》，以及他为桑顿的维吉尔的《牧歌》译本所作的木版画插图中所描绘的那样，具有自然世界的双重强度，这体现在作品的每一个细节中。他的田园世界，拥有一片内在的风景，因金色的异象而光芒四射，在这种异象中，特拉赫恩（Traherne）看到了他东方的麦田和永恒的麦穗，华兹华斯看到了“众树中的一棵树”，矗立在他业已失去的童年乐园的中心。

相反，在“黑暗的撒旦磨坊”中，布莱克看见了一种具象化的虚假哲学，和一种虚构的从想象之内在精神的神圣“根基”中分离出来的人类理性。他认为培根、牛顿和洛克哲学中的实证理性主义已经支配了英国人的心智，严格来说是“撒旦式的”，与上帝，即想象之“内在神性”隔绝的王国；此外，在糟糕的工业景象中，他看到这种付诸实现的思想以机械性和非人性的形式体现出来。人类对工业革命的“致命的梦想”感到愤怒，在这方面布莱克自身的感受更为强烈，因为“磨坊”和“熔炉”这类丑陋的入侵之物紧紧挨着泰晤士河南岸肯特郡榆树篱笆墙下的传统英国的牧场和庄稼收割者。在他眼中，这些入侵物应受到双重谴责，因为它们既是针对自然，也是针对想象的暴行。

然而，布莱克认为，在地狱熔炉和天堂喷泉背景中，人类工作时的精神都是相似的。在本质上，布莱克是那个“精神上的四重伦敦”的诗人，在那里耶路撒冷的“金色的建造者们”永远都在劳作。与他之前的柏拉图和圣奥古斯丁一样，布莱克也曾构想过一个像“上帝之城”那样的完善的人类社会。

布莱克的针织品商父亲一定是一个友善和通情达理的人，因为他似乎总是尽己所能让他那非凡的儿子能够凭他的兴趣行事。按照布莱克自己的要求，他从未去过学校，反而常常在印刷店铺待好几个小时，用他的零花钱买意大利大师们作品的版画，或者在偏僻的乡间小路上漫步。对一个男孩来说，自由是很重要的，就像华兹华斯也拥有自由，在那个年代，诗人们终生都依靠对事物的印象和感觉创作。到布莱克决定选择职业时，他选择去做一位雕版师的学徒，而不是从事更加不确定的纯粹艺术家的职业，这似乎是布莱克自己的意愿，是为了给他的父亲节省开支。因此他做了巴西尔的学徒，从巴西尔那里学到了一项娴熟的技艺，在工业革命之前，这种技艺赋予了被机器严重破坏的手工劳动一种尊严。雕版师的技能在技艺与艺术的更高分支之间搭了一座桥，但后来由雕版师们完成的众多工序被机械化取代了。

布莱克终生都是一位凭借自己的手艺，为生计而工作的贫困的雕版师。根据记载，当没有钱来支付他们单纯的家庭开支时，布莱克夫人晚饭时通常会在她丈夫面前放一个空盘子，这样，布莱克便会从他关于其他世界的语言和异象中回过神来（并说"该死的钱！"），拿起他的雕刻刀去做一些卑微的工作。为韦奇伍德陶瓷工厂的伊特鲁利亚式陶瓷的商品手册画汤碗和茶具便是布莱克完成的这类苦工之一（他画的这些图保存至今）。我们也许会对此感到遗憾，即布莱克无法专心致志地做一个有创造性天赋的画家和诗人，在这个问题上，他自己也深感痛苦，贫穷和同时代人的忽视带来的挫败感，让布莱克既悲伤又愤怒，但可能也正因如此，他得到的和他失去的一样多。不论是在地理位置还是社会层面上，布莱克都生活在英国的核心，他是个贫穷的伦敦人，也是个受欢迎的人，他有很多朋友是当时最伟大的艺术家，如菲尤泽利和弗拉克斯曼，以及后来的瓦利、林内尔和塞缪尔·帕尔默；他认识乔舒亚·雷诺兹爵士,拜访过卡罗琳·兰姆女爵(Lady Caroline Lamb),并在那里遇见柯尔律治;他还认识华兹华斯的朋友、日记作者克拉布·鲁宾逊。伦敦生活的方方面面,不论上层还是下层,几乎没有什么是布莱克完全不了解的;年轻时,他是一位充满激情的革命者,据说还帮助托马斯·潘恩活着逃离英国;老年时,作为“一个政治上的柏拉图主义者”,他是一个青年画家学派中受人尊敬的大师。布莱克生活在艺术家的世界和工匠的世界中,在城市和田野中,以及从历史来看,生活在十八世纪的英国乡村和十九世纪的工业化英国中,与生活在上述环境中相比,这样一位自我选择的英国先知——在我们充满想象的历史中他的特殊作用是解读时代的征兆——在何种更好的情境下能够找到自我呢?布莱克是一位预言家,他做出预言时,不仅凭借灵感,还凭借对他的国家和他那个世纪的社会历史上最重大事件的直接了解和个人经验。

作为巴西尔的学徒,布莱克的任务是为威斯敏斯特教堂里许多国王和王后的纪念碑绘图,而这些哥特式的陵墓和雕像深深地影响了布莱克的艺术创作风格。哥特式风格强调**线条**,这一点对布莱克而言至关重要，相较于乔舒亚·雷诺兹爵士所喜爱的遵循明暗对照法的画派，布莱克对线形设计和清晰的轮廓线条始终有着坚定不移的信念。他曾写道："自然没有轮廓，但想象有。"在布莱克看来，线条是想象的特征，而值得注意的是，从石器时代的洞穴壁画到哥特式艺术，从中国佛教艺术到格列柯，对线条的强调一直是宗教艺术的一种特点。按照当代艺术家塞西尔·柯林斯（Cecil Collins）的说法，"线条是本质"——本质对立于表象或偶然性，而偶然性是本质上世俗的画派，即法国印象派的主题；令人惊讶的是，布莱克，这位英国诞生的最伟大的宗教艺术家，本应该回到中世纪艺术——一种仍然是非理性的、富有想象力的基督教的产物——中去寻找他的近亲。在威斯敏斯特教堂，他认出了和自己一样的手工艺人们的作品，在他们那里"一切有生命的事物都是神圣的"——一个还未世俗化的、被单一的等级制度所统治的世界，正如布莱克所做的那样，即一个将天堂和人世都囊括在一个单一的异象中的世界——一种以生命之整体为根本，尚未从其中分离出来的宗教观念。

布莱克最早期的诗作《诗歌素描》是在朋友们的帮

助下出版的，一位上流社会的牧师马修和他的妻子，“多才多艺的马修夫人”，曾资助过布莱克一段时间。弗拉克斯曼将布莱克带到了马修夫妇在拉斯伯恩庄园（Rathbone Place）举办的**沙龙**上，据记载，布莱克当时朗诵了诗歌，还吟唱了他自己的歌曲——因为在为诗歌设计插图的同时，诗人还为它们创作了音乐，遗憾的是这一乐曲并没有被记录下来，从而永远遗失了。布莱克在两种艺术，也许是三种艺术上都有几乎同样优秀的想象力；当我们考虑到他的天赋的独特性质时，上述事实或许并不令人惊讶，对此我们以后会有更多的讨论。

另一部早期的作品，讽刺作品《月中小岛》，也许具有当时的中产阶级**沙龙**，或弗拉克斯曼家中的一些社交聚会，或布莱克自身的特点。令人惊讶的是，讨论的话题涉及如此广泛的领域——话题多得就像他们判定“福波斯”是那么多领域的神：“医学、绘画、透视画法、几何学、地理、天文学、烹饪术、化学、机械学、兵法、病理学、语法、神学、神话学、骨骼学和人体学——简言之，每一门艺术和科学都像环绕在他颈上的串珠一样衬托出他的美。”我们可以认为，布莱克和他的朋友们对所有学科或绝大部分学科都很感兴趣；专业化的时代还没有到来，布莱克的世界里还残留着一些关于**通人**（*universal man*）的旧观念。从他的作品所引用的典故中，我们能推断出他的阅读范围极广，帕尔默回忆说布莱克在许多领域都有广博而准确的知识。他也许只学习过拉丁语和希腊语的入门知识，但可以阅读法文，在晚年时他还学习了意大利语。在当时所有重要的思想领域内，布莱克的知识来源都是第一手的，当然，在那个时代并不存在其他类型的知识：那些渴望知识的人必须去研究原作，当我们想到自学成才的教育，如布莱克、济慈这样可怜的穷孩子们，或者柏拉图主义者托马斯·泰勒时，我们必须记住这一事实。那时候要么有教育，要么没有教育，但并不像今天这样，还有糟糕的教育。

《月中小岛》的人物形象中（其中的绝大部分形象都可以在布莱克的熟人中找到真实的对应人物），有一位“毕达哥拉斯主义者西普索普”，几乎可以确定，他就是柏拉图主义者托马斯·泰勒。泰勒是弗拉克斯曼的朋友，在弗拉克斯曼的家中，泰勒做了关于柏拉图哲学的六次讲座；同时，泰勒也是玛丽·沃斯通克拉夫特的房东，而玛丽是布莱克的朋友，布莱克曾为她的作品创作过插图。基本可以确定的是，布莱克一定认识泰勒，因为泰勒和他有相同的生活圈子；而且，泰勒对“英国异教徒”的熟悉，和他的作品无疑正是理解布莱克一直尚未得到阐释的某些思想的关键。显然，年轻时的布莱克与弗拉克斯曼一起分享了对希腊艺术的热情。正是弗拉克斯曼激发了乔舒亚·韦奇伍德对波特兰瓶的热爱（韦奇伍德在自己位于伊特鲁利亚的陶瓷厂制作了一些复制品），布莱克还亲自为韦奇伍德的朋友伊拉斯谟·达尔文的诗歌《植物园》制作了波特兰瓶的版画。在这首诗中，达尔文表达了显然在当时很流行的观点，即瓶罐上的象征形象描绘了厄琉西斯秘仪。因此，布莱克也加入了希腊复兴运动中，尽管其方式并没有弗拉克斯曼那样明显（弗拉克斯曼是荷马和其他希腊诗人作品的插图画家），也不及泰勒本人，泰勒曾倡导回归新柏拉图主义哲学的多神论，并首次将新柏拉图主义者的著作翻译成英文。

即便泰勒并没有成功地改变整个民族，但从布莱克、柯尔律治、雪莱（众所周知，他们都阅读过泰勒的作品），可能还有济慈的诗歌中回归神话的倾向来看，也可以说泰勒在诗人们中取得了成功。布莱克从泰勒那里学到的是柏拉图和普罗提诺及其追随者的哲学，同时还学会了如何正当地使用伴随着神话学的象征性论述而产生的语言。这种象征性的语言也许能被称作想象的学问，从希腊罗马时代到叶芝和他的爱尔兰同道，欧洲传统意义上的诗人和画家们都像使用语法规范中的词语一样严格和准确地使用这种语言。泰勒不仅仅是一位翻译家，也是柏拉图主义哲学家的拥护者，在那些描述他的文章中，爱默生称他为自弥尔顿以来诗人们的最佳喂食者（feeder），乔治·威廉·拉塞尔（George William Russell）称他为“无冕之王”。

奥古斯都派的诗人们更加优雅，但在古代知识方面，他们很少有人像浪漫主义诗人们那样受过良好的教育；对他们来说，古代神话仅仅只是修饰他们诗歌的材料；但对浪漫主义诗人们而言，诸神作为他们之前所体现的那些想象力本质和形而上教义之表达，重新活了过来。可以说，布莱克是第一位在其作品中明显体现出泰勒的变革影响的诗人，因为，当泰勒的作品出现之后，便能够在布莱克当时创作的诗歌中找出他对它们进行密切研究的证据。

一七八七年泰勒出版了他翻译的普罗提诺,《论美》(*Concerning the Beautiful*)和《俄耳甫斯的颂歌》(*The Hymns of Orpheus*),后者的序言是一篇关于俄耳甫斯神学的文章;泰勒翻译的普罗克洛(Ploclus)的《欧几里得评注》(*Commentaries on Euclid*)两年后出版了,书中有一篇由后来的柏拉图主义者写的长文《论柏拉图神学的恢复》(*On the Restoration of the Platonic Theology*),这篇文章包含了波菲利的《林中仙女的洞穴》的全文翻译。一八七九年或一八八〇年,泰勒最具影响力的文章《关于厄琉西斯秘仪和酒神节仪式的论述》发表了,并且在他死后又重新发行过几次。在接下来的十年内出现了许多其他新柏拉图主义的作品,其中最重要的有(根据它们对布莱克的影响来看)柏拉图的《克拉底鲁篇》《斐多篇》《巴门尼德篇》《蒂迈欧篇》(1793 年,泰勒完整的柏拉图译作直到 1804 年才出版),以及一七九四年出版的《普罗提诺五书》(*Five Books of Plotinus*)。泰勒在所有这些作品中都附上了自己的评论和注释,这正是指导一位神话学诗人如何使用象征性话语的一种方式。在撒路斯特(Sallust)的文章《论诸神和世界》('On the Gods and the World')中,布莱克发现了希腊神话的柏拉图继承者们所公认的神话话语的四个层次;这一导论既准确又客观。他的“四个世界”可能在某种程度上应归功于撒路斯特在使用“神圣比喻”的语言方面的指导,而且,就像在布莱克这儿一样,这在其他研究泰勒的这些著作的浪漫主义诗人那里也必定如此,但由于无人谈论,当今的学院批评家们多半已将之遗忘;也难怪,它们的主题与学院批评家们喜欢思考的问题迥然有异。不过,它们始终是富有想象力的诗人们的乐趣。

因此,从布莱克开始阅读泰勒起,我们发现的不仅有普罗提诺的形而上学思想的本质,处于永世和现世之间的灵魂们的“下降”和“返回”,凡人意识在“这个世界的洞穴”之中的“沉睡”,还有其他更多的东西:布莱克还从泰勒那里借用了实实在在的神话,只是改变了诸神的名字,并为他们穿上现代的服装,但严格地保留了它们主题的本质,任何精通象征语言和新柏拉图主义形而上学的人都很容易察觉到这一点。这类例子有诗歌《走失的小女孩》和《寻获的小女孩》,这两首诗复述了厄琉西斯秘仪的大仪式和小仪式,得墨忒耳和科莱的故事从始至终都严格而客观地使用了象征。

布莱克是一位幻想家，但他的异象并不比但丁的更“个人化”，而且和但丁一样，布莱克的异象的内容是形而上的。

随着年纪的增长，布莱克逐渐转向基督教主题和圣经中的象征。但他晚期的一幅暂时题名为（根据它的主题）《人的生命循环》（*The Cycle of the Life of Man*）或《时空之海》（*The Sea of Time and Space*）的绘画，实际上是对波菲利《林中仙女的洞穴》的详细的描述性图解，波菲利的这部著作是泰勒最早的译作之一，它对布莱克的影响早在《特尔之书》中就显露了出来。从这一点我们可以推断出，布莱克从未放弃他早年在神话学中感受到的乐趣，而且从神话学中他本人第一次学会了如何运用作为形而上叙述语言的象征叙事。

布莱克于一七八二年结婚，当时他二十五岁，婚后搬到了斯特兰德街附近的格林街 23 号居住，成为雷诺兹和贺加斯，以及他自己的朋友弗拉克斯曼的穷邻居。两年之后，由于发现在格林街的生活过于昂贵，他便搬回了布罗德街，住在原来的家的隔壁，父亲去世后，布莱克的哥哥詹姆斯继承了家族的针织品生意。那时，他的弟弟罗伯特与这对年轻的夫妇住到一起，跟着威廉学习制图——罗伯特的确是一位有前途的艺术家,他的几幅设计图很长时间以来都被误认为是他哥哥威廉的作品。但罗伯特在一年或两年之后便去世了,这让他哥哥深感悲痛。在他生病期间,布莱克不间断地照顾他,并看到了他的灵魂穿过实实在在的天花板,“欢乐地拍着手”,“上升到天空中”——吉尔克里斯特说,这确实是一个布莱克式的细节。布莱克认为,他十分喜爱的这个弟弟在他整个一生中经常以精神的形式来看望他,正是罗伯特的灵魂告诉布莱克制作流程的秘密,使他制作出他诗歌中的那些美丽非凡的插图页,由诗人和他的妻子手工印刷及上色后,售卖给少数想要拥有这些最美丽的图书的购买者,这些图书中的诗歌、文字和设计全都出自同一个思想、同一个异象。也许,自从中世纪的插图祈祷书以来,《天真与经验之歌》的插图本是英国最吸引人的图书,属于上升到想象艺术层面的较早期的手工艺传统(或者说想象艺术包含了手工艺),而卡克斯顿的印刷机使其走向了终结。不论是在幻想还是技术方面,布莱克都同样接近中世纪哥特式风格,但是布莱克的书之所以未沦为矫揉造作的——可以说现代大多数手工制作和手工绘画的图书都因此而失去了价值——作品，是因为布莱克并没有选择，他必须自己印刷他的诗歌：没有出版商愿意印刷它们！

罗伯特死后，布莱克离开了布罗德街，搬到了附近的波兰街，在那里住了五年。在这期间，他创作了插图书《特尔之书》和《天堂和地狱的婚姻》。一七九三年，诗人和他的妻子搬到了兰贝斯，住进了一所舒适的一层楼的小房子，房屋的花园中生长着一棵藤蔓。所有喜爱布莱克的设计图案的人一定能注意到那些频繁出现的自如流畅的线型藤蔓，它们带有卷须和叶子，围绕在页面四周，或者填补预言书中的空白诗行。据吉尔克里斯特所说，布莱克从不允许自己或他人修剪自己的藤蔓——这是一个象征性的故事，就像传说中莎士比亚从未弄污过一行文字一样，这个故事被评论家们用来解释布莱克无拘束的、多产的天赋。另一个故事——布莱克和他的妻子像伊甸园中的亚当和夏娃一样赤身裸体，坐在那棵藤蔓下，一起阅读《失乐园》——有可能是真实的，并会一直流传下去。因为这个故事完全符合诗人那种毫不妥协的天真无邪，也符合他妻子追随自己丈夫的坚定意愿——不论他的异象将他带往何方，正如她所做的那样，不管生活是好是坏，她都陪伴布莱克度过了一生。可以确定的是，在兰贝斯生活的那几年是快乐的，在预言书中，“可爱的兰贝斯”成为一个反复出现的词语。“在兰贝斯有一粒沙子，撒旦没有发现”：一个爱与平静的庇护所，在那里诗人和他的妻子，一对无子女却互相挚爱的夫妇，快乐地工作并彼此陪伴着——暂时还可以平静地生活，不会被笼罩着布莱克晚年生活的日益加剧的贫穷和不受重视的阴影所困扰。在兰贝斯，布莱克创作并雕刻了《阿尔比恩女儿们的异象》——对性自由的一段伟大的辩词；接着很快又创作了《美国》——对自由和革命的更根本的捍卫，其主题建立在美国独立战争的基础上。在这两本书中我们初次见到了布莱克的万神殿中的一些重要人物，如“红沃克”，受束缚的能量之精神象征；“幽暗的女性”瓦拉，自然的残酷女神；乌尔索纳（Urthona）或洛斯，预言和历史的精神象征；奥索恩和“阿尔比恩的女儿们”；还有那些美丽的仙女——但并不是居住于泉水旁或山林里的仙女，而是织布机旁和磨坊中的仙女——在工业革命的残酷机器下受苦受难。在接下来的书《阿哈尼亚》《尤里森》《四天神》《弥尔顿》和《耶路撒冷》中，布莱克的万神殿中的人物——几十个主要的神明，以及使某些主要的人物倍增的各种各样的“儿子们”和“女儿们”——在性格和能力方面的特征变得越来越清楚，在与文字相伴的插图设计中，他们的形象清晰得令人难忘：被束缚的**永恒男孩**（*puer eternus*），沃克；洛斯，那个掌熔炉者阿波罗（Apollo of the blast-furnace），预言和诗歌之神；尤里森，一位蓄着长须的老者，理性知识的忧虑不安的神，拿着他沉重的铜书和铁笔；埃尼塔蒙，诗歌的缪斯，在她的织布机上为洛斯的诗意概念提供美学形式；萨尔玛斯，粗暴的海之恶魔，感官生命之神，自然之女性形态；以及大地之母恩尼翁，时而年老背驼，徘徊于坟墓之间，时而是爱之花园中的一个孩童。长久以来，人们习惯于将这些名字陌生的空想出来的存在仅仅视为布莱克凭幻想臆造出来的形象，对他们置若罔闻，但当我们越来越熟悉他们的力量和本质，了解他们在整个神话中由布莱克逐年建立起来的重要地位时，他们似乎——不管怎样，对那些发现用象征术语来思考是很自然的人而言——成了我们所能得到的最有生命力的象征形象。他们是真真切切的英国人。诸神和女神，他们仍然属于现代世界。

他们在自己的领域内囊括了培根、牛顿和洛克的理性主义，以及工业革命，此外，他们还扎根于基督教的传统。一旦我们熟悉了这些人物，他们看起来便像哈姆雷特、李尔王，或弥尔顿的撒旦一样是土生土长的。

随着布莱克越来越沉浸在预言书中所描绘的异象之中，作为诗人和艺术家的他进入了一个一百多年来对一般民众来说仍然是难以理解的世界里。在布莱克自己的时代，他的预言书的内容别人完全理解不了，而当今掌握了现代科学和心理学知识的我们这一代人最先拥有了开启这些图书的钥匙。随着布莱克的天赋日渐成熟，他脱离了他的同时代人；他的任何一部预言书都没有得到出版，这让他深感悲伤，因为他知道，这些预言书关乎英国及其精神的福祉。除了一个小圈子的人之外，他的插图设计在其他人看来同样是野蛮和疯狂的。布莱克从未安于自己受孤立的状态，也无法理解为什么对他来说很清楚的事情，在普通公众看来却是难以理解的。他写道："说出的真理不能只让人理解，而不让人相信。"从长远来看，布莱克所说的真理已经被理解和相信了。如今的布莱克正迅速成为在他之前的班扬成为的角色，即一位在英国家喻户晓的预言者。作为他的最后一部预言书《耶路撒冷》的序言的抒情诗，在留存下来的英国舒适的绿色土地上随处可见的妇女研究所里传唱。布莱克的预言，曾经连最钦慕他的那些人都觉得难以理解，如今却成为不断增多的文学批评类图书的主题，成为我们文学中的一片新大陆，一个财富无限、范围广阔的领域，在这里，那些坚持预言研究的人已经收获了智慧的丰硕果实。但到目前为止，这些伟大的作品都是布莱克用以谋生或获得文学名声的工作成果，因此到一八〇〇年，布莱克对如何生活感到困惑。他经常觉得自己被迫去雕刻那些在创造力方面远不及自己的艺术家们的插图设计，但他们那更乏味、更陈腐的作品却得到了同时代人的认可。令人欣慰的是，布莱克并不总是拥有模范般的耐心，而他那被激怒的天赋往往会在激烈的抗议中爆发出来。实际上，就连布莱克的一位赞助人也根本看不到他愿意帮助的这个人的天赋，而且他无疑自认是一位远超布莱克的优秀诗人。在海利的帮助下，布莱克在萨塞克斯海岸的费尔珀姆住了几年，这是布莱克一生中唯一不住在伦敦的一段时光，即使只是为了这一点，我也必须讲讲布莱克与海利之间发生的故事，这是个可笑的、羞辱性的，但毕竟并无恶意的故事。

海利是考珀的传记作者，同时也是一位在文学方面自命不凡的乡绅。在弗拉克斯曼友好的建议下，海利计划雇佣布莱克为《考珀生平》制作一幅考珀的肖像版画，并为他的（海利的）一些诗歌设计和雕版插图，考虑到布莱克的利益，会将这些插图诗歌制成大幅版画出售，此外还打算雇佣布莱克做其他各种各样的工作。很明显，海利还决心要补足布莱克在教育方面的缺乏，有一晚给他朗读了蒲柏翻译的荷马史诗和其他有教育意义的作品。（布莱克在笔记本中吐露了自己的想法，留下了尖刻的评论。）布莱克在费尔珀姆的那几年——正是他创作伟大的异象诗歌《弥尔顿》和《耶路撒冷》的那几年，后来布莱克为这些诗歌设计了相应的插图，并将其手工雕版和印刷出来——就是这么度过的，这位伟大的诗人忙于为海利毫无价值的诗歌创作插图，并倾听他关于诗歌的诸多观点，因此，布莱克得有极大的耐心才能忍受海利对自己工作的好心忠告。看起来尤其让布莱克气愤的是，海利试图说服忠诚的布莱克夫人让她的丈夫明白事理。“物质世界的朋友是精神的敌人”，鉴于感受到的某些痛苦和众多的事实，布莱克下结论说——因为海利对布莱克的善意和帮助他的意愿是不容置疑的，同样确定无疑的是，他完全无法理解和衡量这个被机会带到他门前的天才伟人的高度。最终，布莱克发现自己无法忍受这段关系，因此便返回了伦敦，回到多年来越来越受忽视的状态。

即便如此，布莱克在海利借给他居住的那个漂亮的小屋中度过的三年并非不快乐，因为在那里他看见了天使们从天堂的阶梯上走下来，走进他的小屋中，而且，他在海边所见的异象是他平生所见的最耀眼的美丽景象之一。在小屋枝叶繁茂的花园里，布莱克在树叶之间看见了精灵，他对精灵葬礼的描述有可能是来自莎士比亚的英国的一个乡间传说。在同一个花园中还发生了另一个截然不同的事件，它本应该发生在一个更现代、更冷酷的世界中。有一天，布莱克来到了他那被施了魔法的花园中，纯真的精灵和天使出没之地，却在那里发现了一个来自经验世界的莽汉，一个士兵——这个暴虐而残酷的世界之丑陋象征——他是园丁请进来做助手的。布莱克要求这个士兵离开，但他拒绝了。于是布莱克的诗人气质的愤怒爆发了，他竭尽全力将士兵赶出了花园。这个士兵为了报复布莱克,控告他犯了暴动罪,尤其是指控布莱克说的一些话——“该死的国王,诅咒他所有的臣民,诅咒他的士兵,他们全都是奴隶”,这些话有可能会让布莱克丢了性命。布莱克否认说过这些话。多年后,一位老人回忆说,在地方法庭的审讯中,布莱克在否认对自己的指控时眼神闪烁。海利,这个精神的敌人,在这种情况下却是一位有价值的物质世界的朋友——这位乡绅在天使眼中也许是个小人物,但在萨塞克斯郡他的影响力足以挽救布莱克的生命。

既然布莱克否认了这一指控,那么他很有可能并没有说那些归咎于他的富有煽动性的话;但无风不起浪,费尔珀姆的民众肯定感受到了预言家布莱克炙热的革命热情,和他充满激情的精神。仅仅只是布莱克闪烁的眼神便肯定会使村民和当地的军队感到不安,随之而来的将会是那些村民针对他的小规模的迫害,正如一九一四年战争期间发生在 D. H. 劳伦斯和他妻子身上的事情一样。(劳伦斯和他的妻子被错误地指控从他们位于康沃尔海岸的小屋内向敌人发送信号。)在这两起错误的、针对两位预言家的指控中都存在某种诗意的正义,他们火一般的热情特别针对的是英国社会中的腐朽衰败之物;那些隐约感觉到他们真实思想中的力量和革命倾向——在布莱克闪烁的眼睛中,或劳伦斯的红胡子中——的乡巴佬们,在探查持对立价值观的、卓越非凡的敌人的精神时,他们是正确的,就像抄写员和伪善者总是正确的一样。他们被指控的行为没有一项是有罪的,但两人都因叛国而获罪,他们背叛的不是英国,而是这个世界的主宰,这要比他们的控告者所知道的更为根本。

一八〇四年,布莱克返回伦敦,在接下来的十七年都居住在南莫尔顿街 17 号,离牛津街只有几码远,离他出生的房屋也不到一英里。布莱克再次开始做雕版师的工作,以此谋生。但在空闲时间里,他辛辛苦苦地手工将文字和插图设计雕刻到每一块版上,继续印刷他的预言书。他画了很多幅画,采用了相比油画颜料他更偏爱的蛋彩画颜料和水彩颜料,并将其中的一些画作卖给了少数几位长期客户,其中巴茨和坎伯兰都是那时的主要购买者。一八〇八年,正处于能力巅峰期的布莱克,因自身天赋遭到忽视而感到焦躁不安,斯托瑟德盗用他的画作《坎特伯雷的朝圣者》的构思这一事件刺激布莱克采取了反击行动,于是他最后一次尝试诉诸“公众”，在他看来公众不会像当时的知识分子那样对他的预言视而不见。布莱克之前和之后的艺术家们都犯过同样的错误，但在一个预言家看来，还有什么比这更容易得到理解呢，毕竟他的作品深切关注的就是阿尔比恩的儿女们，也即英国民族？布莱克的这一次画展是在他的针织品商哥哥位于布罗德街的住所内举办的，展出的作品包括那幅《坎特伯雷的朝圣者》，和许多其他重要的作品，其中的很多现在已经遗失了。似乎很少有公众去参观，但这次著名的画展中的《描述性目录》保留了下来，这是布莱克最优秀的，篇幅最长的散文作品，文中充满了尖锐深刻的评论、心理上的精巧微妙的描写、富有幻想的智慧，和诗意的雄辩。日记作者克拉布·鲁宾逊在参观展览时购买了这本书的四份副本，并将其中一本赠给了查尔斯·兰姆。克拉布一定是为数不多的购买者之一，因为当吉尔克里斯特写作《威廉·布莱克生平》时，那本著名的作品已经极为罕见了。当然，这个画展在财务方面是一场失败，它也丝毫不能阻止布莱克沦为默默无闻的人。好奇心使得少数几个人，如克拉布·鲁宾逊，去观看这位古怪的幻想家的作品，但并没有驻足聆听、试图去理解其智慧的追随者。不论是作为画家还是诗人,布莱克都没有追随者,直到他生命的最后几年,直到那时他的伟大的光芒才从云层后照射出来。老年的布莱克是一群杰出的年轻画家挚爱的大师,并且林内尔、卡尔弗特、里士满、泰瑟姆、塞缪尔·帕尔默和瓦利都成了他的朋友。在这些年轻画家看来,布莱克在喷泉院的贫穷住所——他在去世前几年从南莫尔顿街搬到了那里——被称为是“解释者之屋”,这个称呼源于《天路历程》中的一个人物形象。这个群体中最年轻的乔治·里士满后来经常说,与布莱克在一起“就像在和先知以赛亚谈话”。布莱克像约伯一样,在生命的最后时光,进入一段充满创造性成果的、幸福洋溢的平静时期。正是林内尔委托布莱克去做他生平完成得最好的工作——《约伯记插图》,紧接着是但丁作品的插图,对此布莱克直到去世前,也即一八二七年,他七十岁生日前几个月,仍在坚持创作。

塞缪尔·帕尔默描述中的布莱克是一位老人,他写道:

在布莱克身上你立马看到了创造者和发明

者，他属于任何年龄段都罕见的那类人：但丁的一位合适的同伴。他就是能量本身，在他周围散发出一种熊熊燃烧的影响力；一种生命的氛围，充满了理想。和他一起在乡间散步，就是通过大自然的形式去感知美的灵魂；从他书房的窗户那里可以瞥见泰晤士河与萨里郡海岸，矗立在那儿的那些高大、阴暗的建筑因那个居住在它们附近的男人而呈现出一种壮美。那些从未认识像布莱克这样一个人的人们可能会对此感到好笑，但这是关于他的一个简单事实。

他是一个不戴面具的人，他的目标单一，他的道路笔直向前，他所需甚少，因此他自由、高尚而又快乐。①

布莱克死后葬在邦希尔墓园（Bunhill Fields）——班扬和笛福也葬在此——他长眠于一个普通的墓穴，并且再也无法查明具体位置，因为墓前没有墓碑标记这位如此伟大的人被埋葬的准确地点。事实上，这一

① 取自吉尔克里斯特，第 301 页。

疏忽也不会给布莱克带来多大困扰，对他来说，必朽的身体只是“罩在我的永生外面的排泄物的外壳或罩子”。他必朽的身体的安息之处还没有被遗忘多久，他在《描述性目录》中徒劳地呼吁的公众就意识到了布莱克的伟大。

那么，布莱克独特的伟大在于哪些方面呢？在英国艺术家中他有着独一无二的地位。布莱克作品的尺寸都不大，例如他以成熟的创作风格完成的最完美的作品《约伯记插图》就只有几英寸大小。然而，在力量与美方面，他所描绘的人体形态完全可以与米开朗琪罗的相比。布莱克所构想的人体形态通常有着一种超乎感官的生命力，似乎能将人类的身体从地面举起，使其摆脱重力的限制。他笔下的人物形象并不像巴洛克艺术所描绘的那些充满渴望的形象，后者看起来像被与大地向下拉的力量相反的天空的引力向上牵引着。更确切地说，布莱克的人物形象们似乎根本不受制于任何重力和拉力，他们是自由移动的精神存在，不受阻碍地穿过空气和火。布莱克年轻时是一位斯威登堡的信徒，对他和这个瑞典宗教幻想家而言，人类的物质身体并不是他们真正的身体。根据斯威登堡的观点，身体的复活是从物质身体中复活，而不是物质身体的复活。他弟弟罗伯特去世时，布莱克看见他的灵魂穿过房屋的天花板升上天空，布莱克还在想象中看到了伦敦的扫烟囱者的洁净的身体，他们在生命之河中洗净了身体，在阳光下嬉戏。这就是布莱克描绘的想象中不朽的人类形体。布莱克说，“能被五官所感知的（尘世的）身体是灵魂的一部分”；在他为他的先知书所设计的插图，为《约伯记》与但丁作品所作的插图，以及他曾经画过的每一个人物形态中，布莱克都在表现人类的灵魂，这些灵魂被限制在由想象画的神奇线条中，在自然中却无法找到它们。皮特和纳尔逊的“精神形态”是他的两部更有野心的作品的主题，但布莱克描绘的所有关于羔羊或狮子、花朵或藤蔓、孩童或成人的形态其实都来源于幻想。当我们审视布莱克的画作时，我们看到的是精神存在的形态，与这些本质就是不朽的想象的人物形象相比，那些被描绘于缎面画布之上的最丰满性感的裸体形象也显得没有生命力了。

作为一位善于运用色彩的画家，布莱克可说是塞缪尔·帕尔默及其朋友们的水彩画学派之父。布莱克曾经为少数几个购买者给页面比《约伯记插图》更小的

《天真与经验之歌》手工上色,但这些页面有着精美的抒情诗般的色彩,并且与其他任何作品都全然不同。《特尔之书》和《天堂和地狱的婚姻》中的水彩页面,附有金色和银色的彩色文字,以及精致的卷须和叶子,这一切营造出一种适合精灵们居住的世界的幻觉。即使是给维吉尔《牧歌》做的小型木刻版画也具有永恒的特性,一个完全由想象构想出来的世界,在这个世界里,感官只负责演奏乐器的特定部分。并不是布莱克想象了一个"其他的世界",也不是说精神形式与它们栖居其中的身体无关,相反,布莱克的天赋在于他能将身体视为灵魂的表现形式,将现世世界的自然形式视为永恒原型的表现形式。布莱克曾写道,"永恒恋上了时间的产物"。而且,没有哪个艺术家比他更厌恶模糊和抽象。他始终坚持,"微小的细节"全都很重要。精神或异象并不是"一团模糊不清的雾,或是毫无价值的东西",布莱克还认为,"如果一个人没有用比他必朽的肉眼所能看到的更强有力的、更完美的轮廓,更强、更美的光亮来进行想象的话,他就根本没有在想象"。正是因为他的人物形象是想象出来的,所以他们具有清晰明朗的轮廓线条。因为,布莱克认为,感觉没有展现形式的力量。像柯尔律治一样，布莱克也意识到“融合的”力量只属于想象力——“自然没有轮廓，但想象有。自然没有曲调，但想象有。”在描述他的一幅精心创作的象征绘画《最后审判的异象》时，布莱克写道：

> 我坚称，我没有看到外在的创造，那对我来说是阻碍而不是行动；它就像我脚上的灰尘一样，并不是我的一部分。“什么，”人们会有这样的疑问，“当太阳升起时，你难道看不到一个有些像基尼金币的圆形火盘吗？”哦，不，不，我看到的是一群无数的天兵，喊着“圣哉！圣哉！圣哉！主，神，全能者！”我并不质疑我肉体的、植物般的眼睛，就像我不质疑窗户中看到的景象：我通过它而不是用它来观看。

作为诗人的布莱克可能比作为艺术家的布莱克更伟大。因为，与那些意大利、法国或西班牙的伟大的大师们相比，作为艺术家，他的小尺寸画作和技术上的局限性必定总是让他显得狭隘——并不是在想象方面，而是在成就上；然而作为诗人，他继承了莎士比亚、乔叟和弥尔顿的传统，通过语言这一媒介进行创作，这对他的天赋而言，是帮助而不是阻碍。布莱克是一位非常卓越的抒情诗人。他的《天真与经验之歌》经常被用来与莎士比亚的作品进行比较，也许有人会说诗歌中的抒情形式就是绘画中的轮廓，或音乐中的旋律——由想象描绘的轮廓，精神生活的痕迹。他的词汇就像一个孩童所使用的那样简单，他选取的象征物——玫瑰、向日葵、狮子、羔羊、甲虫、蚂蚁、小女孩或小男孩——很少也很普遍。这（就像他的一英寸乘两英寸的木刻版画，或他诗歌中的水彩插图页一样）是一目了然的。每一首抒情诗都是一扇通往想象世界的窗户，即使在这些早期的诗歌中，布莱克笔下的玫瑰和羔羊也不仅仅是隐喻，它们是原型，是聚集了多重含义的象征，是深入到神话和神谕的普遍来源中的测锤，因此它们才具有力量。这些诗歌像童谣一样简单，却又像福音书那样深刻，福音书中关于麦子、饼、酒和鱼的象征是一个经久不衰的文明的坚实基础。的确，伟大的宗教和经久不衰的文明通常总是建立在布莱克喜爱的那些简单而普遍的象征之上，它们就像太阳和星星一样常见，对未受教育的人来说是易于理解的，但对愚蠢的人来说永远是不可理解的。

限于篇幅,我们只能探讨有关布莱克的长篇先知书中的少量内容。这些先知书是伟大的神话学作品,形式上是混乱的,但包含了许多可以单独欣赏的宏伟篇章。然而这么做的话就忽略了它们中最显著的东西——神话的动态象征,而神话的变形和革命表达了深刻的精神上的真理。这并不是布莱克努力想要在这些作品中表达的他自身的精神状态,而是他所忧虑的整个英国民族的内心状况;一种在科学哲学的理性主义统治下受到威胁的民族心态,凭借在任何时代都令人惊讶的洞察力,布莱克看到并理解了这种理性主义对灵魂能量之生命的压抑,在他那个世纪也只有歌德的洞察力能与之媲美,后者在他《浮士德》的第二部中也审视了理性意识表面下的状态。为了处理这类素材,也出于相似的原因,两位诗人都运用了神话,将之作为恰当的语言。弗洛伊德和荣格向我们这个时代证明了,精神领域的存在完全不是以言语的方式,而是以象征的图片语言的方式进行思考。无意识状态是没有言语的,但它把它的欲望和恐惧,它对生活体验的原始而深刻的陈述,用那些经常萦绕在我们梦境中的象征形式表达了出来。在大多数情况下，这种象征是片段式的，因为我们长期养成的语言思维习惯，使得我们在很大程度上已经失去了充分利用象征的艺术。然而原始种族的神话，以及我们自己的古代神话，在这种诗歌的、非语言的象征层面上，比在语言层面上走得更远。民谣、传说和童话故事几乎全都涉及这种非语言的象征，诗意得无法简化，并独立于描述这些象征的文字之外。会说话的动物，如诺罗威黑牛（Black Bull of Norroway）；在地下宫殿中沉睡的公主或国王；圣杯、有魔力的孩童、龙和圣树，它们是创造神话的前诗歌语言中的对应物，我们自己在睡梦中仍然说着这类语言，尽管我们并没有理解或掌握它们。这类象征，我们可能会将它们画出来，加入舞蹈或哑剧中，或以散文或诗歌的形式表述出来，而它们始终保持着神奇的魔力。

在大多数人那里是潜意识中的事物，已经被莎士比亚、柯尔律治和布莱克这种有远见和创意的伟大诗人们有意识地体验过了。随着我们更多地了解潜意识的本质以及它的规律和内容，我们便开始重新学习死去的象征语言——神话的缔造者，神灵和女神的创造者曾经以如此动人的、诗意的力量用过的这种语言。

神话和诗歌的语言起源于一个单一的源头，即创造象征的那个层面，这些象征表达的不是理性的概念，而是共鸣的潜能，它能够触及我们灵魂的最深处，奏响超越狭隘意识思维的意义之序曲。这就是布莱克在他的先知书中使用的语言。布莱克显然具有一种朴实无华的天赋，即能使任何媒介变成透明的透镜或窗户，从而让他富有想象力的异象透过它们闪闪发光。他的诗歌、木刻版画、蚀刻版画，以及水彩画全都展现了同一个有创意的世界，其中住着本来就存在的人，就像荷马的众神或基督教的神圣家族一样。正如希腊人书写有关众神的故事一样，布莱克也书写、描画或雕刻那些他想象的世界中真实存在的人物；而且我们承认他们——就像我们承认阿波罗或圣母马利亚一样——具有一种真实的存在，独立于艺术，独立于艺术家本身。

我认为，在人类的历史上，从来没有哪个时代像布莱克生活的十八世纪、十九世纪那样，神话变得如此贫乏，象征思想如此鲜为人知。凯尔特人和撒克逊人的土著众神早已被遗忘了——可能是由于我们长久以来贫瘠的想象力，而在十九世纪初留下来的那个理性化的、变了本性的基督教，几乎不存在任何象征，并且作为想象性思想的媒介它毫无用处。确实令人惊讶的是，在这样的时刻，布莱克竟然凭借自己的宗教想象，创造出一个如此丰富、多样而复杂的万神殿，创造出十几个神和女神，定义了他们的力量，使整个神殿运转起来，这一切凭借的是在狂暴的生活的一切能量和美中得以展现的这些想象力之间的微妙关系和相互关系，和塑造人类的永恒力量的变形形式，以及来自我们理性所知的小世界之外的，决定和控制我们生活的推动力。

阅读先知书时，不可能仅仅把它们当作语言运用的练习，必须把它们当作神话来阅读。因此，它们是一切现代语言中最伟大的诗歌之一，可以媲美但丁、斯宾塞、弥尔顿或詹姆斯·乔伊斯的作品。如果我们想要全面地理解莎士比亚笔下的卡利班、爱丽儿或李尔王，乔伊斯笔下的安娜·利维娅，或布莱克笔下的四天神这类人物形象的话，我们必须重新学习阅读神话的技巧，正如我们要重新学习神话。但是，这种审美一旦形成，我们便开始在诗歌中寻找神和他们的象征，如果没有找到，那么最美好的诗篇也似乎变得平淡无奇，犹如缺少了一个必要的维度。一旦我们变得习惯于这种象征的前语言的相互作用和永恒的人类原型的人格化力量,我们就会发现它是所有艺术的必要组成部分;如果没有它,仅由词语组成的诗歌,无论多么美妙,都再也无法满足我们。

也许,我们现在明白为什么布莱克在两种媒介中都具有同样的创作天赋。他所擅长的诗歌创作过程既不是言语的,也不是视觉的,而是象征的和神话的。布莱克不是图画的创造者,也不是语言修辞的创造者,而是象征的创造者,而象征的力量不只取决于它们借以表达自身的媒介。

这样一场创意的革命是如何打破十八世纪理性主义的坚硬外壳的呢?上文已经提到了对浪漫主义诗人造成影响的其中一个因素——托马斯·泰勒,他为柯尔律治、布莱克和雪莱提供了有关柏拉图哲学的基础读本,而奥古斯都派的诗人们几乎完全忽略了这一点。或许最初正是泰勒将传统之金线的线头交到了布莱克手中,柏拉图哲学及与之相伴的神话语言好比一条河流,它有时在地下流淌,有时又像喷泉一样喷涌而出,始终是欧洲人想象力方面的学问。不论在何处重新发现这一传统,无论是在基督教的框架之内还是之外,都会迎来想象艺术的复兴。托马斯·泰勒将博学的佛罗伦萨人手中的菲奇诺版柏拉图，翻译成英文交给了英国浪漫主义诗人们（在这些诗人中，只有柯尔律治和雪莱能流利地阅读希腊文）。斯宾塞、莎士比亚、弥尔顿、雪莱和布莱克，他们全都说同一种象征性语言，所有人都悬挂在同一条线上。将这门被遗忘的语言学到融会贯通，你就拥有了开启一切的钥匙；这种语言有着无穷的多样性，他们在使用它的词汇表时，一切都同样地精确，就像用来表达有意识的理性思想的普通词语一样严格和客观。此外，希腊罗马神话只是更为普遍的、在所有神话中都通用的语言的一种方言；想要进入一种传统，就是要成为一切传统的受教者。

但布莱克的思想还有其他来源，而且，知道布莱克通过哪把钥匙首先发现了象征传统也许很重要，但更为重要的是认识到，这一传统是了解布莱克的关键。不论布莱克在何处发现这一传统，他都认为它绝对可靠，而且他还从许多来源中借用了主题。其中有《赫耳墨斯秘籍》，有炼金术士（布莱克提及了其中几位的名字，他们是帕拉塞尔苏斯、阿格里帕和伟大的波墨，但他当然也阅读其他人的著作）和基督教卡巴拉主义者的著作。通过威廉·琼斯爵士(Sir William Jones)及其圈内人的作品和译作,布莱克了解到一些印度哲学的知识,就像他通过马利特(Mallet)了解北欧神话(格雷已使其变得大众化),通过斯图克利(Stukeley)和威尔士的古文物研究者,以及《奥西恩》了解英国的本土神话一样;《奥西恩》是布莱克始终欣赏的作品,尽管约翰生博士及其他十八世纪理性主义的捍卫者们试图让该书的作者麦克弗森(Macpherson)名誉扫地。作为一位雕版师学徒,布莱克曾在巴西尔的图版为布赖恩特的《神话学》雕刻版画,在当时《神话学》是一部有影响力的作品,很可能为布莱克自身热情的折衷主义奠定了基础;因为布赖恩特虽然支持一种如今被认为是荒谬的理论(即所有的神都可以追溯到诺亚方舟里的人物),但他列出了古代的所有已知神话的分支,其丰富性和复杂性可以媲美布莱克的神话体系。也许布莱克已经从布赖恩特那里明白了一点,即在特定的时间和地点上赋予诸神的名字是诸神的属性中最不重要的,仅仅是出于偶然;那些试图用布莱克所使用的名字,来鉴别他所描绘的神话的人将会大失所望。赋予诸神一个本地的住所和一个名字,对他来说似乎的确是诗人的主要任务。虽然布莱克(就像我们这个时代的荣格)相信“所有的神明都居住在人类的胸膛里”,以及“所有的区域都属于一个整体”,但在原则问题上他几乎是折衷主义的;这一事实使他作品的主题变得混乱,然而这也是他作为一个伟大神话诗人的不可分割的一部分。如此自由地处理神话素材确实是前所未有的。

布莱克给诸神重新命名并给他们穿上当时的英国服装,他们不仅在布莱克的想象中,而且在他的同胞和同时代人的,乃至我们时代的人们的想象中都带有本土色彩。他为英国民族重建了一个长期缺少的万神殿,他看见的这些神灵,正在南莫尔顿街、兰贝斯、巴特西和汉普斯特德,在华兹华斯的湖区和“斯诺登峰峰顶”致力于他们不朽的使命。可以说,所有富有想象力的诗人都是多神论者,因为他们将人格赋予那些古代称之为“诸神”的灵魂能量。雪莱和济慈创新的多神论是明确的,而弥尔顿、斯宾塞和柯尔律治的多神论是含蓄的;但布莱克,就其基督教多神论(Christian polytheism)的明确本质而言,也许是独一无二的。他为我们复活了诸神(不像爱尔兰人的万神殿中的某些成员,至今都拒绝圣帕特里克的洗礼),让每个人变成了基督徒。

布莱克结合了诗人的想象天赋与传统的象征学问和现代人类的心理洞见。他对异象的看法,相比他不断抨击的“宗教”的虔诚的蒙昧主义,与二十世纪的思想事实有更多相同之处;但这些异象也保留了神圣和庄严的特性,这些特性始终是人类宗教思想的特征。布莱克像一座桥梁横跨在过去的刻板宗教和寻找灵魂内的神圣等级的现代趋势之间。

布莱克赞美劳和韦斯利(Wesley),他自己年轻时还是一个斯威登堡的追随者;不太为人所知的是,老年布莱克对天主教信仰的尊重与日俱增,这或许是由于他对但丁的热爱,在生命的最后几年里,他为但丁的诗歌制作了十分壮美的插图。但布莱克的宗教信仰关乎内在的理性(Logos),即想象力。布莱克喜欢使用“想象之耶稣”“上帝的胸怀”“救世主”和“神圣人性”(一个来源于斯威登堡的术语)这类同义语,还宣称自己始终是“耶稣的崇拜者”。对布莱克和柯尔律治而言,想象力是人内心的神圣存在;因此,布莱克的想象力理论唯一重要的意义是,使他成为一位虔诚的天才。他的精神目标在于扩展意识,摧毁自我中的“撒旦的”王国,并将之与内在想象的“根基”切断。

对任何一个意识到人类灵魂的深度，意识到自我的偏狭和肤浅本质的心理学神秘主义者来说，传统道德必定看起来与人类的真实本质几乎完全无关。善与恶，正如我们认为的那样，在诸神和女神们的世界里，在灵魂的无意识区域的世界里都几乎没有意义，这个世界遵循的是理性或习俗所不知道的法则。因此，布莱克成了斯威登堡永远没有成为的一种新道德的勇敢预言者，这种新道德是天堂和地狱的“结合”，“理性”和“活力”的“结合”，也可以说是人类原初整体中有意识部分和无意识部分的结合。关于人类本性的全新概念意味着一种新的道德，对布莱克来说，法律的道德观是最大的精神邪恶。他的耶稣是神圣的人性，即潜在的人类自我，它处于有意识的自我及其道德观念之外，是天国的统治者，它的命令潜藏于每一个灵魂之内，人类的任务和劳作就是它在生命中的体现。

对 T. S. 艾略特而言，相比但丁，布莱克似乎是一位传统之外的诗人，相反，库马拉斯瓦米（Coomaraswamy）则和但丁一样，被称为欧洲两位至高无上的传统诗人。这取决于我们对待传统的观念，如果这个词的含义指的仅仅是历史延续性的话，那么艾略特无疑是正确的，但如果我们用库马拉斯瓦米的说法,指的是“不会衰老的智力”的“绝对知识”的话,我们可以说,在一个整体上背离传统的社会里,布莱克试图恢复它的价值。在布莱克的时代和地域,传统和古老的形而上学知识,以及通常用来传达这种知识的象征术语,已经几乎全都被遗忘了。在他的同时代人看来,甚至在当今的许多人看来,布莱克思想中最“原创”的东西,事实上是最不原创的,实际上是古老而普遍的。布莱克以孤独的勇气和革命的热情,捍卫着一种古老而不会衰老的智慧,这对学习柏拉图或吠陀的人来说并不奇怪;正如布莱克自己所言,他是苏格拉底“某种类型的兄弟”。

因为布莱克相信,诗歌和艺术的目的是唤醒回忆,即柏拉图式的**回忆**,在每一个以形而上学为基础的人类社会中,这是艺术的正常功能。他不断地呼唤“沉睡的人们”醒来,“死去的人们”复活,“洞穴人”打破他的枷锁并看到永恒的事物。布莱克将绘画、音乐和诗歌称作人类“与天堂交流的三种方式”,他还说耶稣和他的门徒“全都是艺术家”,因为他们根据想象说话,并和想象交谈。当神学——一种理性构想,在一个时代中已经因我们人类的理性范围和意识思维过程的更低级的现代观念而变得不再可信时，便有许多人准备接受布莱克对基督教的创新解释。因此布莱克相信，想象从一个比理性更深的源头传递它的智慧，是诗人，而不是神学家，传播神圣的神秘事物的知识。

无论将布莱克视作艺术家、诗人，或宗教革命者，他的高度都超过了英国产生的几乎最伟大的天才人物。

年　表

1757　于11月28日出生在伦敦黄金广场布罗德街28号。

1767　被送去位于斯特兰德街的帕尔斯绘画学校。罗伯特·布莱克出生。

1772　开始了向詹姆斯·巴西尔学艺的七年学徒期；雕版师，大王后街，林肯律师学院广场。

1782　在8月18日与凯瑟琳·鲍彻结婚；搬到了莱斯特广场格林街23号。

1783　出版《诗歌素描》。

1784　搬到黄金广场布罗德街27号。

1787　罗伯特·布莱克在2月份去世，年仅十九岁。

搬到了波兰街 28 号。

1788　为《没有自然宗教》和《众教归一》(*All Religions are One*)雕版。

1789　完成《天真之歌》和《特尔之书》。

1790　开始创作《天堂和地狱的婚姻》。

1791　搬到兰贝斯赫拉克勒斯楼 13 号。圣保罗教堂的簿记员约翰逊印刷了《法国大革命》的第一部分;从未出版。

1793　完成了作品《给孩子们:天堂之门》《天堂和地狱的婚姻》《阿尔比恩女儿们的异象》和《美国:一个预言》。

1794　完成了作品《天真与经验之歌》《第一部尤里森之书》和《欧洲:一个预言》。

1795　完成了作品《洛斯之歌》《阿哈尼亚之书》和《洛斯之书》。

1796　开始创作《瓦拉》,或《四天神》。开始为爱德华·扬的诗歌《夜思》设计插图。

1797　为扬的《夜思》设计的版画出版。

1799　由约翰·弗拉克斯曼介绍给威廉·海利。

1800　在 9 月搬到了萨塞克斯郡的费尔珀姆村庄,靠近博格诺，由海利资助。出版《小水手汤姆》。

1802 附有布莱克版画的海利的《民谣》出版。

1803 8 月，与皇家龙骑兵团的骑兵斯科菲尔德发生争吵。9 月返回伦敦，居住在南莫尔顿街 17 号。

1804 1 月 11 日因煽动性言论罪在奇切斯特巡回审判法庭接受审判，被无罪释放。

开始为《弥尔顿》和《耶路撒冷》雕版。

1805 布莱尔《墓穴》的版画版本出版，版画由布莱克设计，斯基亚沃内蒂负责雕版。

1808 《弥尔顿》完成。

1809 在布罗德街 28 号的绘画展览上展出了作品《坎特伯雷的朝圣者》，以及《描述性目录》。

1818 《耶路撒冷》完成。《给两性：天堂之门》出版。

完成《拉奥孔》的雕版。

1821 搬到斯特兰德街喷泉院 3 号。为桑顿的《维吉尔的牧歌》(*Pastorals of Virgil*)制作木版画。

1825 《约伯记插图》版画版本出版。开始为但丁的《地狱》设计插图。

1827 为但丁的《地狱》雕版了七幅版画。于 8 月 12 日在喷泉院的住所去世。死后被埋葬于邦希尔墓园。

参考书目选

布莱克的作品

The Complete Writings of William Blake, ed. G. Keynes (1966). New York, Oxford University Press (1966). Now the standard edition.

The Note Book of William Blake called The Rossetti Manuscript, ed. G. Keynes. With a Facsimile of the Note Book (1935) — the contents of this sketch book and commonplace book, used by Blake, 1793-1818, are included in the Nonesuch editions, 1925 and 1927.

The Letters of William Blake, ed. G. Keynes (1956). Revised edition, 1968. This collection contains letters to Blake and other valuable material.

William Blake. Being all his woodcuts photographically reproduced in

Facsimile. Introduction by L. Binyon (1902).

The Drawings and Engravings of William Blake. Introductory Text by L. Binyon. Edited by G. Holme (1922).

William Blake's Designs for Gray's Poems. Reproduced full size in Monochrome or Colour from the unique copy belonging to His Grace the Duke of Hamilton. Introduction by H. J. C. Grierson (1922).

Illustrations to Young's 'Night Thoughts'. Done in Water Colour by William Blake. Thirty pages reproduced from the Original Water Colours in the Library of W. White. Introductory essay by G. Keynes: Cambridge, Mass. (1927).

Pencil Drawings, ed. G. Keynes (1927).

Illustrations of The Book of Job. Being All the Water Colour Designs, Pencil Drawings and Engravings reproduced in Facsimile. Introduction by L. Binyon and G. Keynes; New York (1935).

Illustrations of The Book of Job. Reproduced in Facsimile from the Original 'New Zealand' Set made about 1823-4. Note by P. Hofer; New York (1937).

Blake. Reproductions of paintings. Introductions and Notes by G. Keynes (1945).

Blake's Illustrations to 'The Divine Comedy', by A. S. Roe; Princeton (1954).

Blake's Pencil Drawings(Second Series), ed. G. Keynes (1956).

William Blake's Illustrations to The Bible, ed. G. Keynes (1957).

Blake's Grave: A Prophetic Book. Being William Blake's Illustrations for Robert Blair's *The Grave*, arranged as Blake directed. With a commentary by F. S. Damon; Providence, Rhode Island (1953).

Vala, or The Four Zoas, ed. G. E. Bentley, Jr; Oxford (1963). New York, Oxford University Press (1963). A facsimile edition.

William Blake, by M. Butlin (1966). Thirty-two plates, some in

colour, of paintings in the Tate Gallery.
Bibliography of William Blake. Reprint, New York, Kraus (1968).

Note: The Blake Trust has produced facsimiles of the following Illuminated Books: *Jerusalem*, *Songs of Innocence*, *Songs of Innocence and Experience*, *The Book of Urizen*, *Visions of the Daughters of Albion*, *The Marriage of Heaven and Hell*, *America: a Prophecy*, *The Gates of Paradise*, *The Book of Thel*, *Milton*, and *Europe: a Prophecy*.

其他作品

The Painting of William Blake, by D. Figgis (1925).
The Engraved Designs of William Blake, by L. Binyon (1926). New York, Da Capo (1926).
Blake's Illustrations to 'The Divine Comedy', by A. S. Roe; Princeton (1954).
A Study of the Illuminated Books of William Blake, Poet, Printer and Prophet, by G. Keynes (1965).
The Life of William Blake, by A. Gilchrist, 2 vols (1863). Revised edition. The best edition of this classic biography is that edited by Ruthven Todd in Everyman's Library.
The Life of William Blake, by M. Wilson (1927). Revised edition with additional notes, 1948. The standard biography, originally published by the Nonesuch Press.
A Man without a Mask: William Blake, 1757-1827, by J. Bronowski (1944). A Marxist view of Blake.
Blake and Rossetti, by K. Preston (1944).
William Blake: The Politics of Vision, by M. Schorer; New York (1946).

Tracks in the Snow. Studies in English Science and Art, by R. Todd (1946). Contains an interesting study of Blake, and other original material on his contemporaries.

Fearful Symmetry. A Study of William Blake by N. Frye; Princeton (1947). An unreliable but inspiring critical study.

Blake Studies. Notes on his Life and Works, by G. Keynes (1949). Contains a bibliography of writings by G. Keynes on Blake.

English Blake, by B. Blackstone (1949). Hamden, Conn., Shoe String (1949).

William Blake, by H. M. Margoliouth (1951). Hamden, Conn., Shoe String (1951).

William Blake's 'Jerusalem', ed. J. H. Wicksted (1953). A commentary on the facsimile published by the William Blake Trust.

Blake-Prophet against Empire, by D. V. Erdman (1954). Princeton U. Press (1954). Blake's political thoughts admirably discussed.

The Art of William Blake, by A. Blunt; Columbia (1960). Original material on visual sources.

Hidden Riches, by D. Hirst (1964). Original material on the Swedenborgian and Cabalistic sources of Blake's symbolism.

William Blake and the Age of Revolution, by J. Bronowski; New York (1965).

William Blake: an Introduction to the Man and to his Work, by R. Lister (1968). Presents Blake as a worthy craftsman.

Blake and Tradition, by K. Raine, 2 vols; New York (1968), London (1969). Andrew Mellon Lectures, 1962.

Blake Records, G. E. Bentley, Jr. 1969. A complete source-book of all references to Blake in contemporary sources; written in narrative form.

插图列表

（尺寸以英寸和厘米为单位）

1. *When the Morning Stars Sang Together*, c. 1804-7. Pen and black ink, grey wash, watercolour, 28 × 17.9 (11 × $7\frac{1}{8}$). The Morgan Library & Museum, New York. Gift of J. P. Morgan, Jr. 1924 2001.76.
2. *Songs of Innocence*, title-page, c. 1825. Relief etching, ink, watercolour, gold, 15.7 × 14.1 ($6\frac{1}{4}$ × $5\frac{5}{8}$). Metropolitan Museum of Art, New York. Rogers Fund, 1917.
3. *Jerusalem*, title-page, 1804-20. Relief etching, watercolour, gold, pen, ink, 34.3 × 26.4 ($13\frac{1}{2}$ × $10\frac{3}{8}$). Yale Center for British Art, New Haven. Paul Mellon Collection.
4. *The First Book of Urizen*, title-page, 1794. Relief etching, watercolour, 30.2 × 24.4 ($11\frac{7}{8}$ × $9\frac{5}{8}$). Yale Center for British Art, New Haven. Paul Mellon Collection.
5. From Thornton's *Pastorals of Virgil*, 'Thenot Remonstrates with Collinet', 1821. Engraving, 3.8 × 7.3 ($1\frac{1}{2}$ × $2\frac{7}{8}$).

Metropolitan Museum of Art, New York. Harris Brisbane Dick Fund, 1932.

6. *Joseph of Arimathea Among the Rocks of Albion*, 1773. Engraving. National Gallery of Art, Washington, D, C, Rosenwald Collection.
7. *Jerusalem*, Plate 44, 'Moon-ark'; 1804-20. Relief etching and watercolour, 34.3 × 26.4 (13 ½ × 10 ⅜). Yale Center for British Art, New Haven. Paul Mellon Collection.
8. Moon-ark and dove of peace from Jacob Bryant's *New System of Mythology*, vol. 3, p. 60, 1776.
9. Temple of Mithras from Jacob Bryant's *New System of Mythology*, vol. 1, Plate V, 1774.
10. *King Sebert*, 1778. Pen, watercolour, gold, 31.5 × 12 (12 ½ × 4 ¾). Society of Antiquaries of London. By kind permission of the Society of Antiquaries of London.
11. *The Death of Saint Joseph*, 1803. Watercolour, graphite, charcoal, 37.6 × 35.4 (14 ⅞ × 14).
    National Gallery of Art, Washington, D. C. Gift of Louisa C. Duemling, in Honor of the 50th Anniversary of the National Gallery of Art 1991.25.1.
12. 'Gothic' designs from Blake's Notebook, c. 1793 (called the Rossetti MS), f. 74. Pencil, 19.6 × 15.7 (7 ¾ × 6 ¼). British Library, London.
13. *Songs of Innocence and of Experience*, Plate 3, Introduction, 1789. Relief etching, watercolour, 18.4 × 12.1 (7 ¼ × 4 ¼). Yale Center for British Art, New Haven. Paul Mellon Collection.
14. *The Penance of Jane Shore in St Paul's Church*, c. 1793. Ink, watercolour, gouache, 24.5 × 29.5 (9 ¾ × 11 ⅝). Tate, London. Photo Tate London.
15. From Thornton's *Pastorals of Virgil*, 'Thenot Under a Fruit Tree', 1821. Engraving, 3.3 × 7.6 (1 ⅜ × 3). Metropolitan

Museum of Art, New York. Harris Brisbane Dick Fund, 1931.

16. Catherine Blake, *Portrait of the Young William Blake*, c. 1827-31. Graphite, 15.5 × 10.4 (6 1/8 × 4 1/8). The Fitzwilliam Museum, Cambridge.

17. From Robert Blair's *The Grave, A Poem*, 'The Soul exploring the Recesses of the Graved', 1808, published 1813. Etching, 38.1 × 28.9 (15 × 11 3/8). Yale Center for British Art, New Haven. Paul Mellon Collection.

18. From Robert Blair's *The Grave, A Poem*. 'Death's Door', 1808, published 1813. Etching, 38.1 × 28.9 (15 × 11 3/8). Yale Center for British Art, New Haven. Paul Mellon Collection.

19. The Portland Vase, second compartment. Engraving for Erasmus Darwin's *Botanic Garden*, 1791.

20. *Jerusalem*, Plate 1, Frontispiece, 1804-20. Relief etching, watercolour, gold, 34.3 × 26.4 (13 1/2 × 10 3/8). Yale Center for British Art, New Haven. Paul Mellon Collection.

21. William Blake, after Henry Fuseli, from Darwin's *Botanic Garden*, 'fertilization of Egypt', 1791. Engraving, 25.7 × 19.8 (10 1/8 × 7 7/8). Metropolitan Museum of Art, New York. The Elisha Whittelsey Collection, The Elisha Whittelsey Fund, 1968.

22. *The Conjugal Union of Cupid*, 1794. Engraving by Blake after a drawing by G. Cumberland for his *Thoughts on Outline*, 1796.

23. *Songs of Innocence and of Experience*, Plate 28, 'Infant Joy', 1789. Relief etching, watercolour, 18.4 × 12.1 (7 1/4 × 4 3/4). Yale Center for British Art, New Haven. Paul Mellon Collection.

24. Greco-Roman seals from Jacob Bryant's *New System of Mythology*, vol. 2, Plate X, 1774.

25. *For Children: The Gates of Paradise*, Plate 1, Frontispiece, 'What is Man!', 1793. Etching, line engraving, 13.7 × 11.4 (5 3/8 × 4 1/2). Yale Center for British Art, New Haven. Paul

Mellon Collection.

26. *Har and Heva Bathing: Mnetha Looking*, 1785-9. Indian ink, grey wash, 18. 1 × 27. 3 (7 ¼ × 10 ¾). The Fitzwilliam Museum, Cambridge.

27. *Tiriel Supporting the Dying Myratana and Cursing his Sons*, 1786-9. Pen, ink, grey wash, watercolour, 18.7 × 27.3 (7⅜ × 10¾). Yale Center for British Art, New Haven. Paul Mellon Collection.

28. *The Book of Thel*, Plate 2, title-page, 1789. Relief etching, watercolour, 30.5 × 24.1 (12 × 9½). Yale Center for British Art, New Haven. Paul Mellon Collection.

29. *There is No Natural Religion*, Plate 9, c. 1788. Relief etching, 13.3 × 10. 2 (5 ¼ × 4). Yale Center for British Art, New Haven. Paul Mellon Collection.

30. *Songs of Innocence*, frontispiece, c. 1825. Relief etching, watercolour, gold, 15. 7 × 14. 1 (6 ¼ × 5 ⅝), Metropolitan Museum of Art, New York. Rogers Fund, 1917.

31. *Songs of Innocence and of Experience*, 'The Blossom', c. 1825. Relief etching, watercolour, gold, 15. 7 × 14. 1 (6¼ × 5⅝). Metropolitan Museum of Art, New York. Rogers Fund, 1917.

32. *Songs of Innocence and of Experience*, 'The Ecchoing Green', c. 1825. Relief etching, watercolour, gold, 15. 7 × 14. 1 (6¼ × 5 ⅝). Metropolitan Museum of Art, New York. Rogers Fund, 1917.

33. *The Book of Thel*, Plate 7, 'Matron Clay', 1789. Relief etching, watercolour, 30. 5 × 24. 1 (12 × 9½). Yale Center for British Art, New Haven. Paul Mellon Collection.

34. *The Marriage of Heaven and Hell*, 'Nebuchadnezzar', c. 1794. Relief etching, hand colouring, colour printing. Library of Congress, Washington, D. C. Rare Book and Special Collections

Division. Lessing J. Rosenwald Collection.

35. *The Marriage of Heaven and Hell*, title-page c. 1794. Relief etching, hand colouring, colour printing. Library of Congress, Washington, D. C. Rare Book and Special Collections Division. Lessing J. Rosenwald Collection.

36. *The Marriage of Heaven and Hell*, plate 14, 'The soul hovering over the body', c. 1796. Relief etching. National Gallery of Art, Washington, D. C. Rosenwald Collection.

37. *For Children: The Gates of Paradise*, Plate 13, 'Aged Ignorance', 1793. Etching, line engraving, 13.7 × 11.4 (5⅜ × 4½). Yale Center for British Art, New Haven. Paul Mellon Collection.

38. *The Marriage of Heaven and Hell*, 'Ugolino and his Sons in Prison', c. 1794. Relief and white-line etching, hand colouring, colour printing. Library of Congress, Washington, D. C. Rare Book and Special Collections Division. Lessing J. Rosenwald Collection.

39. *Songs of Innocence and of Experience*, frontispiece, 1794. Relief etching, watercolour, 18.4 × 12.1 (7¼ × 4¾). Yale Center for British Art, New Haven. Paul Mellon Collection.

40. *Songs of Experience*, title-page, c. 1825. Relief etching, watercolour, gold, 15.7 × 14.1 (6¼ × 5⅝). Metropolitan Museum of Art, New York. Rogers Fund, 1917.

41. *Songs of Experience*, 'The Sick Rose', c. 1825. Relief etching, watercolour, gold, 15.7 × 14.1 (6¼ × 5⅝). Metropolitan Museum of Art, New York. Rogers Fund, 1917.

42. *Songs of Experience*, 'London', c. 1825. Relief etching, watercolour, gold, 15.7 × 14.1 (6¼ × 5⅝). Metropolitan Museum of Art, New York. Rogers Fund, 1917.

43. Songs of Experience, Plate 42, 'The Tyger', 1794. Relief

etching, watercolour, 18.4 × 12.1 (7¼ × 4¾). Yale Center for British Art, New Haven. Paul Mellon Collection.

44. *For Children: The Gates of Paradise*, Plate 4, 'Water', 1793. Etching, line engraving, 13.7 × 11.4 (5⅜ × 4½). Yale Center for British Art, New Haven. Paul Mellon Collection.

45. *For Children: The Gates of Paradise*, Plate 5, 'Earth', 1793. Etching, line engraving, 13.7 × 11.4 (5⅜ × 4½). Yale Center for British Art, New Haven. Paul Mellon Collection.

46. *For Children: The Gates of Paradise*, Plate 18, 'I have said to the Worm...', 1793. Etching, line engraving, 13.7 × 11.4 cm (5⅜ × 4½). Yale Center for British Art, New Haven. Paul Mellon Collection.

47. *For Children: The Gates of Paradise*. Plate 6, 'Air', 1793. Etching, line engraving, 13.7 × 11.4 (5⅜ × 4½). Yale Center for British Art, New Haven. Paul Mellon Collection.

48. *For Children: The Gates of Paradise*, Plate 7, 'Fire', 1793. Etching, line engraving, 13.7 × 11.4 (5⅜ × 4½). Yale Center for British Art, New Haven. Paul Mellon Collection.

49. *Visions of the Daughters of Albion*, frontispiece, 1793. Relief etching, watercolour, 16.5 × 12.7 (6¾ × 4⅝). Yale Center for British Art, New Haven. Paul Mellon Collection.

50. *Visions of the Daughters of Albion*, title-page, 1793. Relief etching, watercolour, 16.5 × 12.7 (6½ × 5). Yale Center for British Art, New Haven. Paul Mellon Collection.

51. *America: A Prophecy*, Plate 12, 'Thus Wept the Angel Voice...', 1793. Relief etching, watercolour, 36.8 × 26.7 (14½ × 10½). Yale Center for Art, New Haven. Paul Mellon Collection.

52. *America: A Prophecy*, title-page, 1793. Relief etching, watercolour, 36.8 × 26.7 (14½ × 10½). Yale Center for

British Art New Haven. Paul Mellon Collection.

53. *America: A Prophecy*, frontispiece, 1973. Relief etching, watercolour, 36. 8 × 26. 7 (14½ × 10½). Yale Center for British Art, New Haven. Paul Mellon Collection.

54. *America: A Prophecy*, Plate 3, ' Preludium/The shadowy daughter... ', 1793. Relief etching, watercolour, 36. 8 × 26. 7 (14½ × 10½). Yale Center for British Art, New Haven. Paul Mellon Collection.

55. *America: A Prophecy*, Plate 4, 'silent as despairing love. 2, 1793. Relief etching, watercolour, 36. 8 × 26. 7 (14½ × 10½). Yale Center for British Art, New Haven. Paul Mellon Collection.

56. *America: A Prophecy*, cancelled plate, ' A Dream of Thiralatha ', c. 1794-6. Relief etching 11. 8 × 17. 2 (4⅝ × 6¾). National Gallery of Art, Washington, D. C. Rosenwald Collection.

57. *Europe: A Prophecy*, Plate 10, ' Enitharmon slept... ', 1794. Relief etching, pen, ink, oil, watercolour, 37. 5 × 26. 7 (14¾ × 10½). Yale Center for British Art, New Haven. Paul Mellon Collection.

58. *Europe: A Prophecy*, Plate 14, ' And the clouds & fires... ', 1794. Relief etching, pen, ink, oil, watercolour, 37. 5 × 26. 7 (14¾ × 10½). Yale Center for British Art, New Haven. Paul Mellon Collection.

59. *Europe: A Prophecy*, Plate 7, ' Now comes the night… ', 1794. Relief etching, pen, ink, oil, watercolour, 37. 5 × 26. 7 (14¾ × 10½). Yale Center for British Art, New Haven. Paul Mellon Collection.

60. *Europe: A Prophecy*, Plate 12, ' Albions Angel rose... ', 1794. Relief etching, pen, ink, oil, water colour, 37. 5 × 26. 7 (14¾ × 10½). Yale Center for British Art, New Haven. Paul Mellon

Collection.

61. *Europe: A Prophecy*, frontispiece, 1794. Relief etching, pen, ink, oil, watercolour, 37. 5 × 26. 7 (14 ¾ × 10 ½). Yale Center for British Art, New Haven. Paul Mellon Collection.

62. *The First Book of Urizen*, Plate 7, 'As the stars are apart from the earth. . . ', 1794. Relief etching, watercolour, 30. 2 ×24. 4 (11⅞ ×9⅝). Yale Center for British Art, New Haven, Paul Mellon Collection.

63. *The First Book of Urizen*, Plate 21, 1794. Relief etching, watercolour, 30. 2 × 24. 4 (11 ⅞ × 9 ⅝). Yale Center for British Art, New Haven. Paul Mellon Collection.

64. *The First Book of Urizen*, Plate 18, 1794. Relief etching, hand colouring, 11.9 × 10. 5 (4 ¾ × 4 ¼), The British Museum, London.

65. *The First Book of Urizen*, Plate 16, 1794. Relief etching, watercolour, 30. 2 × 24. 4 (11 ⅞ × 9 ⅝). Yale Center for British Art, New Haven. Paul Mellon Collection.

66. *The First Book of Urizen*, Plate 5, 1794. Relief etching, watercolour, 30. 2 × 24. 4 (11 ⅞ × 9 ⅝). Yale Center for British Art, New Haven. Paul Mellon Collection.

67. Page from *The Four Zoas*, or Vala, 1797. Pen, ink, pencil, crayon, charcoal, 41.4 ×32. 8 (16⅜ × 13). British Library, London.

68. *The Death of the Wife of the Biblical Prophet Ezekiel*, c. 1785, Pen, ink, wash over graphite, 34. 6 × 47. 9 (13 ⅝ × 18 ⅞). Philadelphia Museum. Gift of Mrs William Thomas Tonner, 1964.

69. *Elohim Creating Adam*, 1795-c. 1805. Colour print, ink, watercolour, 43. 1 ×53. 6 (17 ×21⅛). Tate, London. Photo Tate London.

70. *Newton*, 1795-c. 1805. Colour print, ink, watercolour, 46 ×60

(18⅛×23⅝). Tate, London. Photo Tate London.

71. *Nebuchadnezzar*, 1795. 43 × 60. 3 (17 × 23 ¾). Colour monotype, tempera, pen, ink, watercolour. Minneapolis Institute of Art. The Miscellaneous Works of Art Purchase Fund, 1957.

72. *The Night of Enitharmon's Joy* (formerly called *Hecate*), c. 1795. Colour print, ink, tempera, watercolour, 43. 9 × 58. 1 (17⅜ × 22⅞). Tate, London. Photo Tate London.

73. *The House of Death*, 1795-c. 1805. Colour print, ink, watercolour, 48. 5 ×61 (19⅛ ×24⅛). Tate, London. Photo Tate London.

74. *Satan Exulting over Eve*, c. 1795. Colour print, graphite, pen, ink, watercolour, 42. 5 × 53. 5 (16 ¾ × 21 ⅛). The J. Paul Getty Museum, Los Angeles.

75. *Pity*, c. 1795. Colour print, ink, watercolour, 42. 5 × 53. 9 (16¾ ×21¼). Tate, London. Photo Tate London.

76. *God Judging Adam*, c. 1795. Relief etching, pen, ink, watercolour, 42.5 ×52. 7 (16¾ ×20¾). Metropolitan Museum of Art, New York. Rogers Fund, 1916.

77. *The Good and Evil Angels*, 1795-c. 1805. Colour print, ink, watercolour, 44. 5 × 59. 4 (17 ⅝ × 23 ½). Tate, London. Photo Tate London.

78. *The Marriage of Heaven and Hell*, c. 1794. Relief etching, hand colouring, colour printing. Library of Congress, Washington, D. C. Rare Book and Special Collections Division. Lessing J. Rosenwald Collection.

79. *Joseph of Arimathea Preaching to the Britons*, c. 1794-6. Relief etching, pen, watercolour, 32. 1 ×24. 1 (12⅝ ×9½). National Gallery of Art, Washington, D. C. Rosenwald Collection.

80. Vitruvian Man, from Cornelius Agrippa's *Three Books of Occult*

Philosophy, page 268, 1651.

81. Drawing, c. 1780. Pencil, 20.5 × 28.5 (8⅛ × 11¼). Victoria and Albert Museum, London. Photo Victoria and Albert Museum, London.

82. *Glad Day (The Dance of Albion)* from *A Large Book of Designs*, 1794-6. Engraving, etching, hand colouring, 27.2 × 20 (10¾ × 7⅞). The British Museum, London.

83. Page from *The Four Zoas*, or *Vala*, 1797. Pen, ink, pencil, crayon, charcoal, 40.9 × 31.9 (16⅛ × 12⅝). British Library, London.

84. Page from *The Four Zoas*, or *Vala*, 1797. Pen, ink, pencil, watercolour, crayon, charcoal, 41.3 × 31.3 (16⅜ × 12⅜). British Library, London.

85. Page from *The Four Zoas*, or *Vala*, 1797. Pen, ink, pencil, crayon, charcoal, 40.8 × 32.4 (16⅛ × 12⅞). British Library, London.

86. Page from *The Four Zoas* or *Vala*, 1797. Pen, ink, pencil, crayon, charcoal, 39.4 × 32.3 (15⅝ × 12¾), British Library, London.

87. Page from *The Four Zoas*, or *Vala*, 1797. Pen, ink, pencil, crayon, charcoal, 41.2 × 32.4 (16¼ × 12⅞). British Library, London.

88. *The Poems of Thomas Gray*, Design 57, 'The Bard: A Pindaric Ode', 1797-8. Watercolour, pen, ink, graphite, 41.9 × 32.4 (16½ × 12¾). Yale Center for British Art, New Haven. Paul Mellon Collection.

89. *The Poems of Thomas Gray*, Design 9, 'Ode on the Death of a Favourite Cat', 1797-8. Watercolour, pen, ink, graphite, 41.9 × 32.4 (16½ × 12¾). Yale Center for British Art, New Haven. Paul Mellon Collection.

90. *The Poems of Thomas Gray*, Design 7, 'Ode on the Death of a Favourite Cat', 1797-8. Watercolour, pen, ink, graphite, 41.9 × 32.4 (16½ × 12¾). Yale Center for British Art, New Haven. Paul Mellon Collection.

91. *The Poems of Thomas Gray*, Design 15, 'Ode on a Distant Prospect of Eton College', 1797-8. Watercolour, pen, ink, graphite, 41.9 × 32.4 (16½ × 12¾). Yale Center for British Art, New Haven. Paul Mellon Collection.

92. *The Poems of Thomas Gray*, Design 17, 'Ode on a Distant Prospect of Eton College', 1797-8. Watercolour, pen, ink, graphite, 41.9 × 32.4 (16½ × 12¾). Yale Center for British Art, New Haven. Paul Mellon Collection.

93. *The Poems of Thomas Gray*, 'Ode on a Distant Prospect of Eton College', 1797-8. Watercolour, pen, ink, graphite, 41.9 × 32.4 (16½ × 12¾). Yale Center for British Art, New Haven, Paul Mellon Collection.

94. Young's *Night Thoughts*, title-page, 'Night the First: On Life, Death and Immortality', c. 1797. Etching, engraving, watercolour, 41.9 × 32.1 (16½ × 12⅝). Yale Center for British Art, New Haven. Paul Mellon Collection.

95. Young's *Night Thoughts*, Page 65, 'Night the Fourth, The Christian Triumph', c. 1797. Etching, engraving, watercolour, 41.9 × 32.1 (16½ × 12⅝). Yale Center for British Art, New Haven. Paul Mellon Collection.

96. Young's *Night Thoughts*, page 46, 'Where sense runs savage broke from reason's chain', c. 1797. Etching, engraving, watercolour, 41.9 × 32.1 (16½ × 12⅝). Yale Center for British Art, New Haven. Paul Mellon Collection.

97. *The Body of Christ Borne to the Tomb*, c. 1799-1800. Tempera, 26.7 × 37.8 (10⅝ × 15). Tate, London. Photo Tate London.

98. *Job and his Daughters*, 1799-1800. Pen, tempera, 27.3 × 38.4 (10¾ × 15⅛). National Gallery of Art, Washington, D. C. Rosenwald Collection.

99. *The Angel Appearing to Zacharias*, 1799-1800. Pen, ink, tempera, 26.7 × 38.1 (10½ × 15). Metropolitan Museum of Art, New York. Bequest of William Church Osborn, 1951.

100. *Christ Giving Sight to Bartimaeus*, 1799-1800. Pen, ink, tempera, 26 × 38.1 (10¼ × 15). Yale Center for British Art, New Haven. Paul Mellon Collection.

101. *Mary Magdalene Washing Christ's Feet*, c. 1805. Pen, ink, watercolour, 34.9 × 34.6 (13¾ × 13⅝). Philadelphia Museum of Art. Gift of Mrs William Thomas Tonner, 1964.

102. *Mary Magdalene at the Sepulchre*, c. 1805. Pen, ink, watercolour, 43.8 × 31.1 (17¼ × 12¼). Yale Center for British Art, New Haven. Paul Mellon Collection.

103. *Jephthah Met by his Daughter*, c. 1803. Pen, ink, watercolour, 36.2 × 41.6 (14¼ × 16⅜). Philadelphia Museum of Art. Gift of Mrs William Thomas Tonner, 1964.

104. *The Soldiers Casting Lots for Christ's Garments*, 1800. 42 × 31.4 (16⅝ × 12⅜). Pen, ink, grey wash, watercolour. Fitzwilliam Museum, Cambridge Photo Fitzwilliam Museum, University of Cambridge/Bridgeman Images.

105. *Songs of Experience*. 'To Tirzah', c. 1825. Relief etching, watercolour, gold, 15.7 × 14.1 (6¼ × 5⅝). Metropolitan Museum of Art, New York. Rogers Fund, 1917.

106. *Jerusalem*, Plate 25, 'And there was heard....', 1804-20. Relief etching, pen, ink, watercolour, gold, 34.3 × 26.4 (13½ × 10⅜). Yale Center for British Art, New Haven. Paul Mellon Collect.

107. From Milton's *Paradise Lost*, Illustration 2, 'Satan, Sin and

Death: Satan Comes to the Gates of Hell'. 1807. 24.7 × 20.8 (9¾ × 8¼). Ink, watercolour, The Huntington Library, Art Collections and Botanical Gardens, San Marino. Photo courtesy of the Huntington Art Collections, San Marino.

108. *The Lord Answering Job from the Whirlwind*, c. 1799. Pen, ink, pencil, watercolour, 39.3 × 33 (15½ × 13). National Galleries of Scotland. Presented by the trustees of Mr Graham Robertson 1949 through the Art Fund.

109. *David Delivered out of Many Waters*, c. 1805. Ink, watercolour, 41.5 × 34.8 (16⅜ × 13¾). Tate, London. Photo Tate London.

110. *The Whirlwind: Ezekiel's Vision of the Cherubim and Eyed Wheels*, c. 1803-5. Pen, watercolour, 39.4 × 29.5 (15½ × 11⅝). Museum of Fine Arts, Boston. Museum purchase with funds donated by contribution 90.108. Photo Museum of Fine Arts, Boston.

111. *Famine*, 1805. Watercolour, pencil, 29.5 × 38.9 (11⅝ × 15⅜). Museum of Fine Arts, Boston. Museum purchase with funds donated by contribution 90.104. Photo Museum of Fine Arts, Boston.

112. *The Body of Abel found by Adam and Eve*, c. 1826. Ink, tempera, gold, 32.5 × 43.3 (12⅞ × 17⅛). Tate, London. Photo Tate London.

113. *The Nativity*, c. 1799-1800. Tempera, 27.3 × 38.3 (10¾ × 15⅛). Philadelphia Museum of Art. Gift of Mrs William Thomas Tonner, 1964-110-1.

114. *The Agony in the Garden*, c. 1799-1800. Tempera, 27 × 38 (10¾ × 15). Tate, London. Photo Tate London.

115. *The Parable of the Wise and Foolish Virgins*, c. 1799-1800. Watercolour, pen, ink, 36 × 32.2 (14¼ × 12¾).

Metropolitan Museum of Art, New York. Rogers Fund, 1914.

116. *The Angel Michael Binding Satan* (*He Cast him into the Bottomless Pit, and Shut him up*), c. 1805. Watercolour, ink, graphite, 35. 9 × 32. 5 (14 ¼ × 12 ⅞). Harvard Art Museums/Fogg Museum. Gift of W. A. White, 1915. 8. Photo Imaging Department/President and Fellows of Harvard College.

117. *The River of Life*, c. 1805. Ink, watercolour, 30. 5 × 33. 6 (12⅛ × 13¼). Tate, London. Photo Tate London.

118. *Last Judgment*, 1808. Watercolour, 50. 3 × 40 (19⅞ × 15¾). Petworth House, Sussex. Photo Petworth House, Sussex/National Trust Photographic Library/John Hammond/Bridgeman Images.

119. *Jacob's Ladder*, c. 1799-1806. Watercolour, pen, 39. 8 × 30. 6 (15¾ × 12). The British Museum, London.

120. *Angel of the Divine Presence Bringing Eve to Adam*, c. 1803. Watercolour, pen, ink, 41. 6 × 33. 2 (16 ½ × 12 ¾). Metropolitan Museum of Art, New York. Rogers Fund, 1906.

121. From Milton's *Paradise Lost*, ' The Archangel Raphael with Adam and Eve ', 1808. Pen, watercolour, 49. 8 × 39. 8 (19⅝ × 15 ¾). Museum of Fine Arts, Boston. Museum purchase with funds donated by contribution. 90. 97. Photo Museum of Fine Arts, Boston.

122. *The Last Supper*, 1799. Tempera, 30. 5 × 48. 3 (12 × 19). National Gallery of Art, Washington, D. C.

123. From William Hayley's *Ballads*, ' The Horse ', 1805. Engraving, 10. 8 × 7. 3 (4 ¼ × 2 ⅞). Connecticut College. The Wetmore Print Collection.

124. From William Hayley's *Ballads*, ' The Dog ', 1805. Engraving, 16. 5 × 14 (6½ × 5's). Connecticut College. The Wetmore Print Collection.

125. From William Hayley's *Ballads*, 'The Eagle', 1805. Engraving, 14 × 9. 85 (5⅝ × 4). Connecticut College. The Wetmore Print Collection.

126. From *Milton: A Poem*, 'When on the highest lift...', c. 1804-8. Etching. New York Public Library.

127. *Songs of Experience*, 'The Little Girl Found', 1789. Relief etching, pen, ink, watercolour, 18. 4 × 12. 1 (7¼ × 4¾). Yale Center for British Art, New Haven. Paul Mellon Collection.

128. Illustration to William Cowper's poem, 'The Task', *Winter*, c. 1820-5. Tempera, 90. 2 × 29. 7 (35⅝ × 11¾). Tate, London. Photo Tate London.

129. Illustration to William Cowper's poem, 'The Task', *Evening*, c. 1820-5. Watercolour, chalk, 91. 8 × 29. 7 (36¼ × 11¾). National Gallery of Art, Washington, D. C.

130. From *Milton: A Poem*, Plate 18, 'To Annihilate the Falsehood of Self-Deceit and False Forgiveness', c. 1804-8. Etching. New York Public Library.

131. From Milton's *Paradise Lost*, 'The Temptation and Fall of Eve', 1808. Pen, watercolour, 49. 7 × 38. 7 (19⅝ × 15¼). Museum of Fine Arts, Boston. Museum purchase with funds donated by contribution. 90. 99. Photo Museum of Fine Arts, Boston.

132. From Milton's *Paradise Lost*, 'satan Watching the Caresses of Adam and Eve', 1808. Pen, watercolour, 50. 5 × 38 (20 × 15). Museum of Fine Arts, Boston. Museum purchase with funds donated by contribution. 90. 96. Photo Museum of Fine Arts, Boston.

133. *Christ Tempted by Satan to Turn the Stones to Bread*, c. 1816-18. Pen, ink, grey wash, watercolour, 16. 8 × 13. 3 (6⅝ × 5¼).

Fitzwilliam Museum, University of Cambridge. Photo Fitzwilliam Museum, University of Cambridge Bridgeman Images.

134. From Milton's *Comus*, Illustration 5, 'The Magic Banquet with the Lady Spell-Bound', c. 1801. Pen, watercolour, 22. 1 × 17.9 (8¾ × 7⅛). The Hunting ton Library, Art Collections, and Botanical Gardens, San Marino. Photo courtesy of the Huntington Art Collections, San Marino.

135. From Milton's *Comus*, Illustration 1, 'Comus and his Revellers', c. 1801. Pen, watercolour, 21.6 × 18.1 (8⅝ × 7¼). The Huntington Library, Art Collections, and Botanical Gardens, San Marino. Photo courtesy of the Huntington Art Collections, San Marino.

136. From Milton's *Hymn on the Morning of Christ's Nativity*, Illustration 2, 'The Annunciation to the Shepherds', c. 1814-6. Pen, watercolour, 15. 9 × 12. 6 (6 ⅜ × 5). The Huntington Library, Art Collections, and Botanical Gardens, San Marino. Photo courtesy of the Huntington Art Collections, San Marino.

137. From Milton's *Hymn on the Morning of Christ's Nativity*, Illustration 1, 'The Descent of Peace', c. 1814-16. Pen, watercolour, 15. 9 × 12. 6 (6 ⅜ × 5). The Huntington Library, Art Collections, and Botanical Gardens, San Marino. Photo courtesy of the Huntington Art Collections, San Marino.

138. From *Paradise Regained*, 'Christ's troubled sleep', c. 1816-18. Watercolour, 16. 8 × 13. 3 (6 ⅝ × 5 ¼). Fitzwilliam Museum, University of Cambridge. Photo Fitzwilliam Museum, University of Cambridge/Bridgeman Images.

139. *Jerusalem*, title-page, 1804-20. Relief etching, watercolour, gold, pen, ink, 34. 3 × 26. 4 (13½ × 10⅜). Yale Center for British Art, New Haven. Paul Mellon Collection.

140. *Jerusalem*, Plate 18, 'From every-one of the Four Regions...', 1804-20. Relief etching, watercolour, pen, ink, 34.3 × 26.4 (13½ × 10⅜). Yale Center for British Art, New Haven. Paul Mellon Collection.

141. *Jerusalem*, Plate 53, 1804-20. Relief etching, watercolour, gold, pen, ink, 34.3 × 26.4 (13½ × 10⅜). Yale Center for British Art, New Haven. Paul Mellon Collection.

142. *Jerusalem*, Plate 28, proof impression, c. 1820. Relief etching, watercolour, pen, ink, 11.1 × 15.9 (4⅜ × 6¼). Yale Center for British Art, New Haven. Paul Mellon Collection.

143. *Jerusalem*, Plate 62, 'Repose on me...', 1804-20. Relief etching, watercolour, pen, ink, 34.3 × 26.4 (13½ × 10⅜). Yale Center for British Art, New Haven. Paul Mellon Collection.

144. *Jerusalem*, Plate 97, 'Awake! Awake Jerusalem...', 1804-20. Relief etching, watercolour, gold, pen, ink, 34.3 × 26.4 (13½ × 10⅜). Yale Center for British Art, New Haven. Paul Mellon Collection.

145. *Jerusalem*, Plate 32, 'Leaning against the pillars...', 1804-20. Relief etching, watercolour, pen, ink, 34.3 × 26.4 (13½ × 10⅜). Yale Center for British Art, New Haven. Paul Mellon Collection.

146. *Jerusalem*, Plate 99, 'All Human Forms identified...', 1804-20. Relief etching, watercolour, pen, ink, 34.3 × 26.4 (13½ × 10⅜). Yale Center for British Art, New Haven. Paul Mellon Collection.

147. *Jerusalem*, Plate 76, 1804-20. Relief etching, watercolour, gold, pen, ink, 34.3 × 26.4 (13½ × 10⅜). Yale Center for British Art, New Haven. Paul Mellon Collection.

148. *Jerusalem*, Plate 39, 'By Satans Watch-friends...', 1804-20. Relief etching, watercolour, gold, pen, ink, 34.3 × 26.4

(13½ × 10⅜). Yale Center for British Art, New Haven. Paul Mellon Collection.

149. From Robert Blair's *The Grave*, 'The Counsellor, King, Warrior, Mother and Child in the Tomb', 1808, published 1813. Etching, 28.9 × 38.1 (11⅜ × 15). Yale Center for British Art, New Haven. Paul Mellon Collection.

150. Chaucer's *Canterbury Pilgrims*, 1810-20. Engraving, 34.9 × 95.6 (13¾ × 37⅝). Yale Center for British Art, New Haven. Paul Mellon Collection.

151. *The Spiritual Form of Nelson Guiding Leviathan*, c. 1805-9. Tempera, 76.2 × 62.5 (30 × 24⅝). Tate, London. Photo Tate London.

152. Copy of the *Laocoön*, for Rees's *Cyclopædia*, 1815. Graphite, 32.1 × 22.9 (12⅝ × 9). Yale Center for British Art, New Haven. Paul Mellon Fund.

153. John Linnell, *Portrait of William Blake*, 1820. Pencil, 20.1 × 15.5 (8 × 6⅛). Fitzwilliam Museum, University of Cambridge.

154. Attributed to John Linnell, *The Man Who Taught Blake Painting in his Dreams* (after William Blake), c. 1825. 26 × 20.6 (10¼ × 8⅛). Tate, London. Photo Tate London.

155. *The Head of a Ghost of a Flea*, c. 1819. Graphite, 18.9 × 15.3 (7½ × 6⅛). Tate, London. Photo Tate London.

156. *The Ghost of a Flea*, c. 1819-20. Tempera, gold, 21.4 × 16.2 (8½ × 6½). Tate, London. Photo Tare London.

157. From Thornton's *Pastorals of Virgil*, 'Thenot Remonstrates with Colinet', 1821. Engraving, 3.8 × 7.3 (1½ × 2⅞). Metropolitan Museum of Art, New York. Harris Brisbane Dick Fund, 1972.

158. From Thornton's *Pastorals of Virgil*, 'Collnet departs in sorrow', 1820-1. Engraving, 3.5 × 7.5 (1½ × 3). Rijksmuseum,

Amsterdam.

159. From Thornton's *Pastorals of Virgil*. 'Blasted Trees and Flattened Crops', 1821. Engraving, 3.5 ×7.3 (1⅜ ×2⅞). Metropolitan Museum of Art" New York. Harris Brisbane Dick Fund, 1932.

160. Drawing for Thornton's *Virgil*, 1820. 'Thenot'.

161. *Job in Prosperity*, Plate 1, 1825. Engraving, 50. 5 × 34. 3 (19⅞ ×13½). Los Angeles County Museum of Art. Gift of Miss Bella Mabury for the Paul Rodman Mabury Collection.

162. *The Wrath of Elihu*, Plate 12, 1825-6. Engraving, 41. 3 × 27. 6 (16¼ ×10⅞). The Metropolitan Museum of Art, New York. Gift of Edward Bement, 1917.

163. from *The Book of Job*, Plate 15, 'God Pointing out Behemoth... and Leviathan', 1825. Engraving, 55.9 ×45.6 (22 ×18). Los Angeles County Museum of Art. Gift of Miss Bella Mabury for the Paul Rodman Mabury Collection.

164. From *The Book of Job*, Plate 20, 'Job Recounting his Experiences to his Daughters', 1825. Engraving, 50. 8 ×34. 3 (20 ×13½). Los Angeles County Museum of Art. Gift of Miss Bella Mabury for the Paul Rodman Mabury Collection.

165. *Satan Smiting job with Sore Boils*, c. 1826. Ink, tempera, 32. 6 × 43. 2 (12⅞ × 17⅛). Tate, London. Photo Tate London.

166. From *The Book of Job*, Plate 3, 'Satan Bringing Destruction on the Sons and Daughters of Job', 1825. Engraving, 50. 5 ×34. 3 (19⅞ ×13½). Los Angeles County Museum of Art. Gift of Miss Bella Mabury for the Paul Rodman Mabury Collection.

167. From *The Book of Job*, Plate 6, 'Ssatan Smiting Job with Sore Boils', 1825. Engraving. National Gallery of Art, Washington, D. C. Rosenwald Collection.

168. From *The Book of Job*, Plate 13, 'God Appearing in the

Whirlwind', 1825. Engraving, 50.5 × 34.3 (19⅞ × 13½). Los Angeles County Museum of Art. Gift of Miss Bella Mabury for the Paul Rodman Mabury Collection.

169. *The Sea of Time and Place*, 1821. Pen, ink, watercolour, 40 × 49.5 (15¾ × 19½) Arlington Court, Devon. Photo Arlington Court, Devon/ National Trust Photographic Library/John Hammond/ Bridgenian Images.

170. Illustration to Dante's *Divine Comedy*, 'The Inscription over the Gate of Hell', 1824-7. Graphite, ink, watercolour, 52.7 × 37.4 (20¾ × 14¾). Tate, London. Photo Tate London.

171. *Dante Alighieri*, c. 1800-3. Pen, ink, tempera, 42.5 × 87.8 (16¾ × 34⅝). Manchester Art Gallery. Photo Manchester Art Gallery/Bridgeman Images.

172. From Dante's *Divine Comedy*, 'Count Ugolino and his Sons in Prison', c. 1827. Tempera, 33 × 44 (13 × 17⅜). Fitzwilliam Museum, Cambridge. Photo Fitzwilliam Museum, University of Cambridge/Bridgeman Images.

173. From Dante's *Inferno*, Plate 41, 'The Circle of Corrupt Officials: The Devils Tormenting Ciampolo', c. 1825-7. Engraving, 23.8 × 33-7 (9⅜ × 13¼). Metropolitan Museum of Art, New York. Rogers Fund, 1917.

174. From Dante's *Inferno*, Plate 12, 'The Circle of Corrupt Officials: The Devils Mauling Each Other', c. 1825-7. Engraving, 23.8 × 33.7 (9⅜ × 13¼). Metropolitan Museum of Art, New York. Roger Fund, 1917.

175. From Dante's *Inferno*, Plate 10, 'The Circle of the Lustful: Paolo and Francesca', c. 1825-7. Engraving, 23.8 × 33.7 (9⅜ × 13 × 13¼). Metropolitan Museum of Art, New York. Rogers Fund, 1917.

176. From Dante's *Divine Comedy*, 'Lucia Carrying Dante in his Sleep',

1824-7. Watercolour, graphite, chalk, 37.2 × 52.2 (14⅝ × 20½). Harvard Art Museums/Fogg Museum. Bequest of Grenville L. Winthrop, 1943.438. Photo Imaging Department/ President and Fellows of Harvard College.

177. From Dante's *Divine Comedy*, 'The Punishment of Rusticucci and His Companions', 1824-7. Watercolour, ink, graphite, chalk, 37 × 52.3 (14⅝ × 20⅝). Harvard Art Museums/Fogg Museum. Bequest of Grenville L. Winthrop, 1943.447. Photo Imaging Department/President and Fellows of Harvard College.

178. From Dante's *Divine Comedy*, 'Dante and Virgil Gazing into the Ditch of Flatterers', 1824-7. Watercolour, ink, graphite, chalk, 37 × 52.3 (14⅝ × 20⅝). Harvard Art Museums/Fogg Museum. Bequest of Grenville L. Winthrop, 1943.435. Photo Imaging Department/President and Fellows of Harvard College.

179. From Dante's *Divine Comedy*, 'The Centaurs and the River of Blood', 1824-7. Watercolour, ink, graphite, chalk, 37.1 × 32.3 (14⅝ × 12¾). Harvard Art Museums/Fogg Museum. Bequest of Grenville L. Winthrop, 1943.444. Photo Imaging Department/President and Fellows of Harvard College.

180. From Dante's *Divine Comedy*, 'Dante and Virgil Escaping from the Devils', 1824-7. Watercolour, ink, graphite, chalk, 52.3 × 36.9 (20⅝ × 14⅝). Harvard Art Museums/Fogg Museum. Bequest of Grenville L. Winthrop, 1943.443. Photo Imaging Department/President and Fellows of Harvard College.

181. From Dante's *Inferno*, 'The Circle of the Thieves: Buoso Donati Attacked by the Serpent', 1827. Engraving, 23.9 × 33.6 (9½ × 13¼). The Art Institute of Chicago. Gift of Mrs Elizabeth D. McCormick.

182. From Dante's *Inferno*, 'The Circle of the Traitors: Dante's Foot Striking Bocca degli Abbate', 1827. Engraving, 23.4 × 33.9 cm

(9¼ × 13⅜ in.). The Art Institute of Chicago. Gift of Mrs Elizabeth D. McCormick.

183. From Dante's *Divine Comedy*, 'The Recording Angel', c. 1824-7. Pen, ink, pencil, watercolour, 52 × 36 cm (20½ × 14¼ in.). Birmingham Museums and Art Gallery. Photo Birmingham Museums and Art Gallery.

184. *The Man Sweeping the Interpreter's Parlour*, c. 1822. Engraving, 17.8 × 23.2 cm (7 × 9¼ in.). Yale Center for British Art, New Haven. Paul Mellon Collection.

185. *George Cumberland's Message Card*, 1827. Engraving, 3.3 × 8.3 cm (1⅜ × 3⅜ in.). Metropolitan Museum of Art, New York. Gift of William E. Baillie, 1925.

索　引

（索引页码为原书页码，即本书页边码。
斜体数字表示插图编号）

Songs of Innocence 《天真之歌》,12,23,31,53,55,56,60-61,62,71,76;*2*,*13*,*23*,*30-32*

Songs of Innocence and of Experience 《天真与经验之歌》,32,55,194;*39*

Southey Robert 骚塞,罗伯特,146-148,167,178

Spiritual Form of Nelson Guiding Leviathan, The 《纳尔逊的精神形象引导着利维坦》,*151*

Stothard, Thomas 斯托瑟德,托马斯,38,129,177-178

Strange, Robert 斯特兰奇,罗伯特,25

Stuart, James 斯图尔特,詹姆斯,24,45

Stubbs, George 斯塔布斯,乔治,24

Swedenborg, Emanuel 斯威登堡,伊曼纽尔,125,135,184,211

Swedenborgian Society 斯威登堡学会,40,51

Task, The (Cowper) 《任务》(考珀),*128*,*129*

Tatham, Frederick 泰瑟姆,弗雷德里克,72,90,167,182,183,184,212

Taylor, Thomas 泰勒,托马斯,19,48,50,61,200;*169*

Teresa, St of vila 德兰,阿维拉的圣女,37,209

Thel 特尔,61,76,90;*28*,*33*